FREDERICK GUTTMANN R.

While every precaution has been taken in the preparation of this book, the publisher assumes no responsibility for errors or omissions, or for damages resulting from the use of the information contained herein.

EL MISTERIO DEL MESÍAS

First edition. April 18, 2024.

ISBN: 979-8230926498

Written by Frederick Guttmann.

EL MISTERIO DEL MESÍAS

המסתורין של המשיח

Project Magen

Por: Frederick Guttmann R.
  Carátula: Aday Quintero P.
Web/blog: www.projectmagen.org[1]
Contacto: frederickguttmann@gmail.com
Videos de Project Magen: www.youtube.com/Frederickguttmannr[2]
Mayo 2017
126 páginas

---

1. http://www.projectmagen.org/

2. http://www.youtube.com/Frederickguttmannr

Índice

INTRODUCCIÓN

Esta es una tesis sobre la concepción que el mundo antiguo – y no tan antiguo - ha tenido sobre un Salvador o "Mesías", ya desde el zoroastrismo pasando al judaísmo, hasta el presente. Nací en Eilat (al sur del Neguev, en Israel), y he dedicado años al estudio de las lenguas semíticas y su comparativa con otras, y la etimología de las palabras y la raíz de los alfabetos. Asimismo he escudriñado por casi dos décadas las sagradas escrituras, tanto hebreas como de otras culturas. He querido realizar esta obra como resumen de los resultados de mi investigación sobre este tema y las relaciones que tiene con la visión sociopolítica del pueblo hebreo. Esto incluso ayuda a comprender la razón del conflicto entre Israel y Palestina. Los israelíes sabemos que los sionistas habrían ayudado a Adolf Hitler a deshacerse del rabinato y de nuestros abuelos europeos que no habrían aceptado el actual Estado de Israel ya dispuesto en la Declaración Balfour y verdadero motivo del acuerdo de Sykes-Picot. El rabinato tiene una filosofía distinta al sionismo respecto del Estado de Israel basada en unos principios que deben cumplirse, o debe cumplir, el Mashiaj (Mesías, Salvador), en gran medida estandarizada por los midrashim establecidos a partir de los siguientes tres siglos tras la Diáspora a Babilonia que siguió la expulsión de los judíos de Yhudeah (Judea) por el emperador Adriano en el 135 d. C.

El cristianismo habría adoptado la idea de que Yehoshua (Jesús, Ieshua) de Nazaret era el Mesías esperado según la interpretación de los shlijim (apóstoles, enviados) y de pasajes de la Tanak (Antiguo Testamento). El judaísmo ha dedicado siglos en escudriñar la Tanak y el Talmud en busca de los secretos que determinarían quién será el Mesías y cómo se manifestará, y esta obra incluye la apologética sobre porqué el judaísmo refuta la creencia de que Yehoshua de Nazaret fuese el legítimo Mesías, y también incluye una investigación completa y pormenorizada de las profecías hebreas y los códigos de la escritura (ya que las lenguas semíticas, con base al abecedario abyad, funcionan como sistema numérico y anagramático), recordando que los antiguos profetas y escribanos hebreos redactaron mensajes ocultos en lengua aramea y hebrea ante las amenazas de los invasores y de que su cultura y misterios fuesen ultrajados y descubiertos por sus enemigos. Esta es la base de varios principios de los misterios de la Cábala. Con estas herramientas asimismo 'El Misterio del Mesías' desvela una gran cantidad de información desconocida al púbico sobre la identidad de Yehoshua (Jesús) de Nazaret y el verdadero propósito del Mesías esperado por el monoteísmo.

¿Qué es ser 'el Mesías'? «Mesías es, en las religiones abrahámicas, el Rey descendiente de David, prometido por los profetas al pueblo hebreo, aquel hombre lleno del Espíritu Santo de Dios. A lo largo de la historia existieron muchas personas a las que se les consideró Mesías, pero generalmente, se entiende que este título en particular se asigna al enviado escogido por Dios, que traerá la paz a la humanidad instaurando el Reino de Dios.» (Wikipedia) El concepto de un Salvador esperado es común en muchas culturas, y se entiende como respuesta a las injusticias y males del mundo que la propia humanidad como sociedad no ha llegado a resolver. Dicha idea tiene tal fuerza que es incluso usada para referirse a figuras diabólicas: el Anticristo del cristianismo o Dajjal del islam, sería una especie de Mesías engañador, un falso libertador que realmente usando hechicería y satanismo engañaría a la humanidad antes del final de los tiempos. Según estas perspectivas, un hombre semi-divino sería la luz del mundo y su guía sobrenatural, pero habría al menos otra figura a su semejanza, pero en un nivel antagónico. En cualquiera de los casos, la humanidad estaría esperando un ser sobrehumano que les salve de sus desgracias, libre al mundo del mal y la injusticia, y traiga una nueva era, una de paz, armonía y felicidad.

«Bendito el que viene en el nombre de Iaheveh...» (Tehilim (Salmos) 118:26, R60) Desde milenios atrás parecía haber en todo el globo una gran conciencia respecto de la necesidad de profetas para guiar espiritualmente a los pueblos y la creencia en un futuro hombre remarcable que destacaría sobre la humanidad. El profeta persa Zaratustra (Zoroastro) se definía como "redentor y salvador" enviado de Dios, no considerándose el único ni el último, y se cree que anunció la venida de un hombre ejemplar que vendría en nombre de Dios, después de él, y que llevaría a los hombres al camino de la verdad; los budas antiguos anunciaron la venida de uno futuro, el Maitreya, que muchos confunden con personalidades modernas; los mayas, aztecas, incas y jopi anunciaron el regreso del "hombre sabio" que una vez estuvo con ellos, quien se encargaría de guiar a la raza de la Tierra hacia el camino de la rectitud y la unidad, la hermandad y la paz; los musulmanes dicen que Mahoma anunció el regreso de Yeshua ha.Notzri para los días de la lucha venidera entre el Mahdi y el Dajjal (Anticristo); los judíos - en un contexto general - la llegada de su Mesías libertador en los días del regreso del profeta Elías, cuando Israel sea redimido.

Es trascendental saber que mucho antes del nacimiento de Zoroastro, Krishna, Hermes Trismegisto, Siddartha Gautama, Lao Tze, Confucio, Meng-Tse, Yeshua ha.Notzri(Jesús de Nazaret), Mani, Mahoma o Nichinen Daisonin, ya había sido anunciada la venida del "hombre verdadero", un ser sobrenatural y ejemplar que cambiaría el curso y destino de la humanidad. ¿Cómo podía suponer o saber que ese "alguien" vendría? Si no creemos en la esfera espiritual y sobrenatural, no comprenderemos la raíz y razón de la religión.

Uno de los aspectos "espirituales" es el relativo a la precognición, la visión remota, los sueños premonitorios y otros matices del mundo onírico, las capacidades extrasensoriales, la trascendencia a la 4ª Dimensión de la física y las matemáticas (el 'tiempo'), la mente, la mecánica cuántica, y otras muchas áreas, donde se analiza y estudia – o incorpora – el componente profético: ver las cosas antes de que ocurran. Bien que con mera triangulación y conocimiento experiencial de los ciclos del destino se puede prever el futuro, hay detalles importantes, como los vaticinios de cosas determinantes y puntuales. En ese sentido es fundamental agregar que la aparición histórica de un hijo de dios no fue exclusiva del pueblo hebreo, y era, empero tema conocido en todas partes. Cultura que se estudie tendrá, en alguna parte, un relato donde se mencione que seres sobrenaturales tuvieron hijos y/o hijas con mujeres mortales, y casi siempre estos vástagos resultaron ser grandes eminencias de la historia.

Decir, "vendrá el hijo de dios", era asumir que estrictamente quien decía eso debía creer en un único dios: «[el] hijo [del] dios creador viene» (frase en pre-sánscrito, grabada en una figura precolombina de cerca de 13.000 años de antigüedad hallada en Ecuador). Pero si los dioses tuvieron hijos con la humanas, ¿cómo especificar cuál de todo esos retoños sería aquel en específico del que tanto se esperaba? Tiempo después de nacer Siddarta Gautama (el Buda) se dijo que su madre le había concebido durante un sueño en que fue fecundada por un elefante blanco; sobre Alejandro Magno y Platón se dijo que su padre realmente había sido febo Apolo; Jerjes, y muchos césares y faraones se consideraban seres semi-divinos, hijos de algún dios importante o soberano. El libro del Génesis (circa 1.450 a. e. c. (antes de la era común)) relata que antes del diluvio hubo una raza divina que descendió a la tierra y engendró hijos con doncellas mortales, y sus hijos fueron los grandes héroes y semi-dioses de los que posteriormente se narraría en las mitologías.

Esta historia de Moisés no es exclusiva de este libro, y es referida en otros textos hebreos y de infinidad de culturas por todo el planeta, y hay incluso listas completas de estos seres donde se describe su nombre, años de gobierno y sucesiones, como los casos de los registros egipcios o sumerios.

Por ejemplo, la idea de un salvador e iluminador del mundo era tanto anterior a Yeshua (Jesús) de Nazaret como contemporánea a él, pero decididamente tras la ausencia de las figuras imponentes espiritualmente, quedaban solo disciplinas basadas en una esperanza imprecisa o simplemente se deterioraba la fe y se perdía el trabajo realizado. Mientras unos se consideraban semi-deidades, pero no tenían uno roll humanitario, otros se consideraban meros emisarios, y con humildad y esmero trataban de guiar a la justicia y el altruismo a sus congéneres. Solo en pocas ocasiones, como ocurre con el cristianismo, pervivió la convicción de que su líder era permanente y regresaría, llegando al grado que convertirse esta creencia en un sólido pilar de la teología de estos pueblos y grupos de personas. Los judíos sabían que Moisés había muerto, los mazdeístas sabían que Zoroastro falleció, los musulmanes saben que Mahoma murió, pero para otras culturas, sus figuras inspiradoras, como Krishna, Osiris, Hermes, Buda o Yeshua (Jesús), aunque hubiesen experimentado una muerte física, habían trascendido a este mundo, y algunos de ellos siguieron apareciéndose claramente a sus seguidores inclusive siglos después de que se les diese por muertos. ¿Es esto cierto?

De cualquier manera, vivos o en otra dimensión, ¿de qué servirían sus enseñanzas si la mayoría de la humanidad concibe la muerte biológica como el final? Muchos esperan que se establezca una era utópica de paz, armonía y unidad entre todos los pueblos, y en comunión y amor alcancemos la inmortalidad, pero sigue existiendo el componente avaro y sangriento que imposibilita un balance y equidad, teniendo unos pocos el poder y usándolo para mantener al resto en conflictos y guerras. Para los más espirituales, ese no es el mayor problema, sino que fervientemente consideran que el alma (un componente personificado e individualizado de la Conciencia Universal) es evaluada por sus acciones mientras se halla encarnada, y al salir del cuerpo bio-químico es juzgada por sus acciones, y de ser considerada culpable de mal sufriría en otros mundos por varias décadas o incluso generaciones. Para los que ven el destino de esta manera, más que un líder que cese las luchas entre tribus y naciones, es más prioritario ir al núcleo del problema: el alma. Así, la idea de salvador para los "religiosos" se orienta a la conciencia y la rectitud, asumiendo que solo un hombre de gran virtud puede enseñarnos el camino de la verdad, la honestidad y el amor, para vivir en paz con otros y salvar nuestra alma y llevarla a planos de realidad paradisiaco, establecidos para los puros y dadivosos.

¿Qué esperan los judíos?

Al habla de 'Mesías', el primer pensamiento que culturalmente se viene a la mente de un occidental es a la visión bíblica del salvador. ¿A quién esperan los judíos? Según la versión judía, el pueblo de Israel espera a varias figuras mesiánicas, cada una desempeñando un roll concreto, pero todas enfocadas en la misma cuestión: la Redención de Israel. Una de las columnas es un sucesor de Moisés como profeta de Israel, y otra es un rey sucesor del rey David: «He aquí te nacerá un hijo, el cual será varón de paz, porque yo le daré paz de todos sus enemigos en derredor; por tanto, su nombre será Salomón, y yo daré paz y reposo sobre Israel en sus días. El edificará casa a mi nombre, y él me será a mí por hijo, y yo le seré por padre; y afirmaré el trono de su reino sobre Israel para siempre.» (1ª Crón. 22:9-10, R60 (R60 es abreviación de RVA 60, que son las sigla de 'Reina Valera de 1960', una de las traducciones más usadas de la biblia al español)) ¿Entonces ya hace casi 2.900 años que nació ese rey? Igual que con Josué y Moisés, con Salomón quedó claro que él no era ese rey, y que lo que se anunció al monarca David era sobre otro de su descendencia.

Los hebreos asimismo esperaban a un 'Enviado', pero, ¿para qué sería enviado? Aunque los israelitas tenían la esperanza puesta en un descendiente del rey David, también tenían entendido que habría un sucesor del profeta Moisés, un precursor del hijo de David y un Enviado y Amado por el mundo. ¿Eran estos la misma persona o dichos atributos pertenecían a solo dos o tres figuras? Los eruditos hebreos por siglos han indagado sobre quien sería este libertador, y unos creen que el rey y el profeta serán dos individuos independientes, aunque algunos pocos asumen que existe la posibilidad que fuese uno y el mismo. La Tanaj (Antiguo Testamento) hace alusiones a que Israel transgredió el mandamiento de Iaheveh y fue abandonado a sus enemigos, pero refiere que en determinado momento Iaheveh volverá a ellos, y muchas alusiones a este regreso parecen indicar que no será estrictamente por medio de ángeles – como lo fue en el pasado (en el Sinaí, por ejemplo) – sino por vías de un hombre, el Ungido (es decir, el Elegido). Los atributos de este Enviado se analizan a la luz de las Escrituras hebreas para saber reconocerle cuando se manifieste, y los sabios judíos creen fielmente que ciertos títulos y características que son referidas en determinados pasajes, evocan a este Mesías, como por ejemplo, al hablar de Shiló o Shiloah, del Jamedet, de Ben Daud o de Imanu-El.

No obstante, debe aceptarse que la idea de Mesías engloba los parámetros de un ungido, y los hebreos ungidos eran los reyes, los profetas y los sacerdotes. ¿Podría el Mesías identificar él mismo estos tres títulos en uno? Lo cierto es que en la escatología judía no hay un solo Mesías, sino 2, y pertenecen al grupo de 'los 4 Carpinteros' (o '4 cuernos'), según tradiciones rabínicas que se cree que nacen del Suk 52b de Rav Hana bar Bizna, del Talmúd Babilonio – aunque algunos creen que la idea es incluso anterior al siglo II a. e. c. -. La interpretación más habitual es que estos 4 serían "4 reinos", o simplemente "4 figuras clave" antesalas de la era de paz (tras la hora de la Redención de Israel): Mashiaj ben Daud (Mesías hijo de David), Mashiaj ben Iosef (Mesías hijo de José), Elija (Elías) y el Sacerdote Recto o Justo (asociado a Melki-Tzedek). Mientras Mashiaj ben Daud sería descendiente de David, la creencia en el segundo Mesías, el 'ben Iosef' parte de que este sería descendiente de la tribu de Efraín, es decir, de la ascendencia de la tribu de José.

¿DÓNDE SE HABLÓ DEL MESÍAS?

En la Tanak (Antiguo Testamento) aparece la palabra 'Mashiaj' (ungido), en 9 casos (sin traducir, 11 en total), siendo alusiones a los primeros dos reyes de Israel, llamados Saúl (ver: 1ª Sam 24:7, 11; 26:16; 2ª Sam. 1:14, 16, 21) y David (ver: 2ª Sam. 19:22; 23:1), habiendo además otro apartado aparentemente profético del rey Salomón en Lamentaciones 4:20. El profeta Isaías fue el más claro al hablar sobre el ungido, diciendo: «"El espíritu de Adonai Iaheveh está sobre mí, porque me ha ungido Iaheveh. Me ha enviado a predicar buenas noticias a los pobres, a vendar a los quebrantados de corazón, a publicar libertad a los cautivos y a los prisioneros apertura de la cárcel; a proclamar el año de la buena voluntad de Iaheveh y el día de la venganza del Dios nuestro; a consolar a todos los que están de luto; a ordenar que a los afligidos de Sión se les dé esplendor en lugar de ceniza, aceite de gozo en lugar de luto, manto de alegría en lugar del espíritu angustiado. Serán llamados "Árboles de justicia", "Plantío de Iaheveh", para gloria suya. [...] Vosotros seréis llamados sacerdotes de Iaheveh, ministros de nuestro Dios seréis llamados. Comeréis las riquezas de las naciones y con su gloria seréis enaltecidos. En lugar de vuestra doble vergüenza y de vuestra deshonra, os alabarán en sus heredades; por lo cual en su tierra poseerán doble porción y tendrán perpetuo gozo.» (Isa. 61:1-7, R95)

¿Predicar "buenas nuevas"? Y, ¿por qué a los pobres (de la palabra que también se traduce por 'humildes') ¿Vendar a los quebrantados de corazón? ¿Pregonar libertad a los cautivos? ¿Predicar la buena voluntad de Iaheveh? ¿Consolar a los que están en luto? ¿Darles aceite de gozo a los afligidos de Tzion? ¿Qué tiene todo esto que ver con el papel esperado por los judíos sobre el Mesías? Esto asimismo consta codificado en el Salmo 74:21, donde el concepto de Ieshua (salvar) aparece en la frase «pobre (afligido, humilde) y necesitado (menesteroso) alaben tu nombre». En las traducciones de la Tanaj (Antiguo Testamento), solo hay dos menciones al 'Mesías', y ambas son del capítulo 9 del libro del profeta Daniel, una dando los detalles de cuándo había de aparecer (vers. 25) y el otro dando a entender que sería asesinado (vers. 26). Lógicamente, por conveniencia, la ortodoxia judía evade el estudio del libro del profeta Daniel (algunos pretextos son que simplemente es "agua pasada"), y prohíben el análisis del capítulo 9 (expresamente estos últimos versículos). Aquí nos habla de un "pacto", cosa que también indicó Jeremías al anunciar un "nuevo pacto". Hasta Mahoma tenía esto claro: «Y cuando concertamos un pacto con los hijos de Israel: «¡No sirváis sino a Alá! ¡Sed buenos con vuestros padres y parientes, con los huérfanos y pobres, hablad bien a todos, haced la azalá dad el azaque!» Luego, os desviasteis, exceptuados unos pocos, y os alejasteis.» (Corán 2:83)

Aparte de estos palabras tan poco compatibles con la idea de un salvador militar, los otros pasajes que directamente hablan del Mesías dicen básicamente que sería asesinado: Daniel 9:25-26. Esta es otra aparente contradicción, toda vez que se entiende que el Mesías sería prácticamente inmortal, como recogen las propias fuentes cristianas (que como sabemos, no nacieron de gentiles, sino de judíos de Galilea: la 'Secta de los Nazarenos'): «Le respondió la gente: Nosotros hemos oído de la ley, que el Ungido permanece para siempre. ¿Cómo, pues, dices tú que es necesario que el hijo del hombre sea levantado? ¿Quién es este hijo del hombre?» (Evangelio de Juan 12:34, Nuevo Testamento). Esto refuerza la teoría rabínica de que el que ha de ser asesinado es el Mesías ben Iosef, pero no responde al porqué de tantas citas sobre el 'Mesías' (ungido) que lo describen en un carácter totalmente humilde, pacífico, misericordioso, entregado a los necesitados, maestro de justicia, y, como muestran los mensajes ocultos de la Tanak (Antiguo Testamento), son fundamentales para conocer su identidad.

¿Qué son los mensajes ocultos de la Tanak? Se tiene conocimiento que ya en la España del siglo XIII los judíos estudiaban las escrituras mosáicas a la luz de revelaciones ocultas detrás de sus letras (se dice que este es el origen de la 'Cábala'), pero es sabido que los cristianos ya a principios de este movimiento, usaban las equivalencias numéricas de las letras para ocultar palabras, y a más se profundiza en la historia de la búsqueda de misterios detrás de las palabras, lugares, los números, los fenómenos y los objetos – o animales – que son citados en las Sagradas Escrituras hebreo-cristianas, más se descubren cosas más sorprendentes aún que las propias narrativas, que ya de por sí resultan llamativas. Desde la deportación a Babilonia, durante el mandato del rey caldeo Nabucodonosor II, algunos judíos se dedicaron a analizar las palabras y frases que contenían los libros de la Tanak, ya que además de tratar de entender el texto, eran consientes de que había mucho más entre líneas y detrás de los mensajes. En 1997 un periodista estadounidense llamado Michael Drosnin publicó un libro llamado 'El Código Secreto de la Biblia', basado en el descubrimiento previo del profesor y matemático israelí Eliyahu Rips, y partía del hecho de encontrar palabras claves en una zona del texto escrito en la Tanak, donde las mismas estaban separadas por uno o más letras equidistantes de derecha a izquierda o de izquierda a derecha.

Aunque ya Isaac Newton buscaba códigos en la Tanak, tras este descubrimiento público empezó una euforia, no siendo ya solo los amigos de Rips quienes buscasen estos enigmáticos hallazgos, sino aún personas sin inclinación religiosa necesariamente. Pero, si esto se descubrió por computadora, ¿cómo buscaban antiguamente los rabinos y expertos en las Escrituras? Ellos buscaban con otros mecanismos, igual que complejos pero humanamente posibles, que pertenecen a pautas de investigación de la Cábala Simbólica – o 'Cábala Artificial' -, una de las dos que se usa en el misticismo rabínico (la otra es la Cábala Real o Dogmática). Se trata de sistemas usados incluso fuera de la cultura hebrea, pero que los judíos llaman Gematría, Temura y Notaricon. Gematría es el estudio de la numerología y sus misterios ocultos; Temura es la permutación de las letras de una palabra en un sentido completo o total (más allá de un simple anagrama), gracias a la capacidad de las voces semíticas en tener varios significados en solo términos con dos o tres letras, y al hecho de no tener vocales estrictamente en términos de fonética, como se entiende en las lenguas occidentales; Notaricón es la toma de las iniciales (acrónimos) de cada palabra de una oración o los último de la misma (bacrónimos) para formas nuevas palabras, y dado que con Temura muestra que no necesitan estar seguidas, pueden reconstruirse y revelar más cosas.

¿Cómo se explica que la Tanak tenga estos códigos ocultos? Para la fe judía esto deja de manifiesto que, sin lugar a dudas, Moisés y los profetas de Israel fueron inspirados por ángeles, aunque para los menos ortodoxos, esta es una señal irrefutable e inequívoca de que los auténticos videntes no deliran a la hora de hacer anuncios o escribir mensajes, sino que son instruidos verbal o psíquicamente por entidades extraterrestres o de otras dimensiones. Es por esto que los descubrimiento de los códigos de la Torah y la Cábala Simbólica refuerzan la creencia en los Antiguos Astronautas o Alienígenas Ancestrales, donde se postula que las visiones tan famosas que se vierten por todo el mundo, que hablan de demonios, dioses y ángeles, eran, empero, Encuentros Cercanos, trato o influencia directa con una o varias civilizaciones que estarían trabajando sobre la raza humana desde hace miles de años. Para los defensores de esta teoría, esto explicaría el origen y razón de las religiones, a la luz de un propósito de entes de otros mundos o planos de realidad en que el hombre alcance un despertar, un mayor conocimiento o una búsqueda interior y exterior. Es gracias a este mecanismo de códigos de permutación de letras, de números, de anagramas y de acrónimos, que podemos complementar los pasajes bíblicos y la revisión de las traducciones con el fin de descubrir la identidad del Mesías, que quedará patente que desde hace mucho ya era conocida por los que codificaron las Escrituras.

Usando Notaricon y Código B (letras equidistantes), primeramente, se pueden hallar apariciones del término 'Mesías' en la Tanak, y buscar correlaciones en el mismo verso que contengan vocablos que provean de aclaración sobre su enigmática naturaleza o lo que sea de utilidad para reconocerle. Sabemos que numéricamente 'Mashiaj' es 358, que es la misma cifra resultante del cómputo de la voz hebrea Najash (serpiente). Raro, ¿no? ¿Qué hay oculto en esto? El libro de Ba.Midbar (Números) – que es el 4º de los 5 libros de Moisés – en el capítulo 21:9, comienza directamente usando la palabra 've.ias', que en temurá es 'Ieshua' (salvación), al hablar de la serpiente de cobre del relato. Al decir en hebreo «aish ve.habit», entremedio se forma la palabra 'ishuah' (salvación); Y una vez más, al hablar de ponerla sobre un asta, usa el vocablo 'Sim' (poner), en la conjugación 've.ishmaju', una vez más usando anagramas temurá de 'salvación': «ve.ma.ishuah» (en donde hay salvación). Pero, ¿qué tiene que ver esto directamente con el Mesías? Este pasaje parece pretender insinuar que hay una mayor salvación que morir a causa del pecado, y que viene del Mesías, y tanto es así que el verso 5 tiene explícitamente el término 'ha.Mashiaj' - con 28 letras equidistantes atravesando el verso -.

Sabemos por esta historia que quienes ponían sus ojos (su fe y esperanza) en la serpiente de bronce que fabricó Moisés, vivían, y la clave de esto era que quien era mordido (o tenía "interés") en la serpiente, debía mirar a la serpiente erguida – símbolo del Mesías -, pues las serpientes se arrastran. Si entendemos que el estar erguido es cosa de seres humanos, ¿qué simboliza una serpiente erguida? En la semántica y lingüística hebrea, la idea de erguirse, alzarse, levantarse o exaltarse suele tener la connotación de 'volver a la vida' o de ser 'elevado al cielo', y en cuanto a la serpiente, es el símbolo principal del pecado de Adán (el primer hombre). La tradición judía dice que la serpiente perdió sus extremidades por haber tentado al humano, y fue obligada a ir sobre su pecho arrastrándose, queriendo insinuar que fue desprovisto de posibilidad de elevarse espiritualmente. En consecuencia, la serpiente levantada es símbolo de redención, y por ello el pasaje con estas palabras encriptadas son un claro ejemplo de que el Mesías debe venir para redimir al hombre y darle el derecho a la vida eterna que perdieron nuestros primeros padres. Con 'Código B', además de 'Ha.Mashiaj' aparece también encriptado dos veces el nombre 'Ieshua' en los versos 9 y 10, y comprendemos que esta palabra significa 'salvación'. Si el Mesías solo viniese a redimir a Israel, esta combinación de mensajes no introducirían una temática en torno a la serpiente: imagen de Lucifer.

En Isaías 47:4-5 hallamos otra relación del Mesías y la Redención, al decir que el nombre de nuestro redentor es 'Iaheveh Tzabaot', el 'Santo de Israel', o 'el que santifica a Israel', codificando el término 'Shiló', en la frase «su nombre es santo, Israel se sienta», o «escúchalo con santidad, Israel siéntate». El mismo resultado se obtiene de la frase del capítulo 48:2, que dice: «el santo al que llaman y sobre su dios». La importancia del tema de la unción es de suma consideración, y hemos observado constantemente que la unción se hacía con oleo santificado que derivaba de la oliva, y su árbol, el olivo, se menciona constantemente para identificar la esperanza (Gén. 8:11), la honorabilidad y la honra ((Juec. 9), la gran santificación y la perpetuidad (1ª Rey. 6), la belleza, la salud y la gloria (Salm. 52:8, 128:3) e incluso el linaje escogido (Rom. 11). Así pues, encontramos en Éxodo 30:31 el término 'Mashiaj' de izquierda a derecha y con 30 letras de separación, justamente donde nos está hablando de la unción santa que recibirán todas las cosas que serán consagradas. Pero en esos mismos versos (el 29 y el 31) igualmente aparece el vocablo 'Tamid', con 3 y 9 letras de separación: Esto es poco probable que se pueda considerar una coincidencia, y estaría insinuando que hay una estrecha relación entre el Mesías y el 'continuo sacrificio'. Otro caso donde puede haber una correspondencia del Elegido con los sacrificios está también en Éxodo – en el 32:6 -, donde 'Shiló' aparece en la cita que habla de que «ofrecieron holocaustos, y presentaron ofrendas de paz». Todo esto nos lleva a empezar a considerar que el Mesías es un libertador espiritual antes que uno bélico y patriótico.

EL MESÍAS BEN IOSEF

En un texto del fragmento 4Q175 – de las cuevas del Qumran – se presenta a un profeta como Moisés, una figura mesiánica y un maestro sacerdotal. El 'el cuarto testimonio' es sobre "Josué", y Alan Avery-Peck sugiere que dada su ubicación del texto en relación con Joshua (Josué, Ihosha) debe leerse como referencia a un Mesías guerrero de la tribu de Efraín, aunque otros están en desacuerdo y estiman que simplemente es una designación que atribuye los méritos de profeta, mesías y sumo sacerdote al Elegido. En el rollo 4Q372, de los manuscritos del mar Muerto, se habla de un "sufriente justo José" – o hijo de José –, en un rol de rey, quien en su agonía de muerte clama a Dios llamándole «Mi padre», citando el conocido sufrimiento del Mesías descrito en los Salmos 89 y 22, y predice que se Levantará (Resucitará) de nuevo para hacer justicia y rectitud. Otro texto del Qumran, el 1QS, enumera al Mesías de Israel como un profeta y un Mesías sacerdotal del linaje de Aarón, pero, ¿cómo se puede entender que el Mesías sea tanto rey como sacerdote y también profeta? Estos tres rollos datan de entre el siglo I y II a. e. c., pero hay otro que suele ser situado en el tiempo posterior a la destrucción del Segundo Templo de Jerusalem, y que se conoce como 'Sefer Hekalot', o '3ª Henoc', donde podemos hallar otra cita que textualmente dice que el rabino Ismael vio al Mesías hijo de José y al Mesías hijo de David.

Pero, ¿son dos personas diferentes o dos roles diferentes de un mismo individuo? ¿Qué de todas estas interpretaciones es correcto?

Otro texto sagrado del judaísmo, la llamada 'Revelación de Gabriel', dice que la maldad de Efraín será quebrada «tras 3 días». ¿Qué pasaría en esos 3 días? Muchas veces aparece la idea de 3 días. Más adelante el texto habla de un "príncipe de príncipes", un líder de Israel, que es asesinado por un malvado rey y no es enterrado correctamente. Aunque se suele creer que el tema trata sobre el Mesías ben Iosef, Matthias Henze sugiere que esta cifra no es una referencia al Mesías ben Iosef, sino un seudónimo para referirse al Mesías Ben David y que se menciona a Efraín simplemente, en referencia a una metonimia de Israel. Hay más casos que nos hablan de este Mesías – o los dos Mesías -, como el del Testamento de los Doce Patriarcas. ¿Qué es este texto? Se trata de 12 testamentos, uno por cada uno de los patriarcas de Israel, de orden intertestamentario del cual se han encontrado fragmentos de copias en arameo de los Testamentos de Leví (1Q21, 4Q13, 4Q540, 4Q541), Judah (3Q7, 4Q538) y José (4Q539) entre los Manuscritos del Mar Muerto, y uno de Leví (similar a 1Q21) en el depósito de la sinagoga de El Cairo, procedente de los judíos caraítas del siglo IX. Los manuscritos antiguos más importantes del mismo son los armenios (cuarenta y cinco de ellos), griegos (trece) y siríaco. También se dispone de una versión tardía en hebreo del testamento de Neftalí.

En el Testamento de Benjamín nos dice: «el Altísimo envíe su salvación en la visita de Su unigénito uno», y agrega que «el Espíritu de Dios, descenderá a los gentiles como incendio derramado» y los humildes y justos «nacerán de la tumba, y ascenderán a los cielos de la tierra». Precisamente Zacarías 12 nos habla del Mesías a través de símbolos, confirmando otras suposiciones de que el Ungido es definido como "unigénito" y "primogénito" de Dios. Este verso también confirma la profecía de Joel y de Salomón, que sostienen que el Espíritu de Dios había de venir al mundo para ser guía personal de los hombres. La siguiente secuencia, que habla de "nacer en la tumba" es un clásico del hermetismo, que adopta la idea de que el hombre vive al morir si su alma previamente ha alcanzado la iluminación, y, coincidiendo con el viejo gnosticismo, este sería el verdadero significado de la Resurrección y la herencia celestial. El manuscrito en cuestión agrega que «cada uno más de nuestra tribu, adorará al Rey de los cielos, que apareció sobre la tierra en forma de un hombre humilde», pero aquel destacará por ser «esclarecedor con nuevos conocimientos a todos los gentiles», y además Dios le «dará la sinagoga de los Gentiles.» A diferencia de una creencia popular judía, el Mesías constantemente es descrito como un predicador y proveedor de grandes conocimientos que lleva luz espiritual a todas las gentes de todo el mundo, no explícita o únicamente a Israel.

Seguidamente el Testamento de Benjamín nos dice que «el Señor juzgará a Israel en primer lugar, incluso por el mal que le hicieron a él, por él, cuando apareció como un libertador, Dios en la carne, pues ellos no le creyeron. Él entonces será juez de todos los gentiles, ya que muchos como él no creen que él apareció en la tierra. Y él reprobará a Israel entre los elegidos de los gentiles.» Es evidente que este pasaje nos anuncia que el Mesías no vendrá solo a salvar a Israel, sino a juzgarles, y eso significa que hay mucho que debe sentenciar y señalar sobre sus acciones, pero además dice claramente que también por lo que «le hicieron a él». ¿Qué le hicieron a él? Dice que «ellos no lo creyeron» cuando como dios vino encarnado, pero, ¿será un judío que vendrá y será descreído por los suyos y luego se irá y volverá para juzgarles? Además de juzgar a Israel, juzga a los gentiles, pero incluso de los gentiles escoge a algunos en lugar de gentes de Israel. Es como si el pasaje quisiese decir que escogerá a los mejores de los gentiles y los mejores de Israel, una especie de selección que, por lo que se desprende del texto y otros pasajes, serían los más justos de todo el mundo.

Respecto del Talmud – que recoge los debates y filosofía rabínica de los siglos II al IV d. e. c. – hay diversas citas u opiniones, tales como la del Talmud de Jerusalem en Brajot 2:4-5, que sostiene que el Mesías es alguien que «viaja de ciudad en ciudad», o sea, sería un viajero conocedor del mundo, y reitera la creencia popular de que el Ungido «viaja a Belén, donde nace el niño». Esto también lo evocan los evangelios, cuando Ordos (Herodes) pregunta a los sabios sobre el lugar de nacimiento del rey de Israel: «Y convocados todos los principales sacerdotes, y los escribas del pueblo, les preguntó dónde había de nacer el Ungido. Ellos le dijeron: En Belén de Judea; porque así está escrito por el profeta...» (Mat. 2:4-5, RVA 60) Asimismo, ese epígrafe sostiene sobre la madre del Mesías, que «Ella dice que su hijo es un enemigo de Israel», y supone que nació en la época de la destrucción del Segundo Templo, siendo culpado por la destrucción del mismo, tal como también afirman los Evangelios sobre Yeshua ha.Nitzar (Jesús de Nazaret), y corrobora la historia: «Y los que pasaban le injuriaban, meneando la cabeza y diciendo: ¡Bah! tú que derribas el templo de Dios, y en tres días lo reedificas, sálvate a ti mismo, y desciende de la cruz.» (Mar. 15:29-30, R60) Si bien, hay muchas interpretaciones sobre este verso, que atribuyen a ese personaje el haber sido una de varias figuras que existieron durante la época de la revuelta de Judas galileo hasta la Tercera Guerra Judeo-romana.

Ese es el caso de Menahem. También tenemos del mismo diálogo del Talmud de Jerusalem que agrega, «Cuando él regresa ella le dice Menahem ha sido llevado por un viento divino hasta el cielo. Más tarde se volverá como el Mesías de Israel.» Menahem ben Hezekiah fue casi un Mesías en la época de la destrucción del Segundo Templo (70 d. e. c.), y los componentes de la historia tienen gran similitud con el relato bíblico de cómo personajes como Henoc, Eliyahu (Elías) y Yeshua mi.Natzeret (Jesús de Nazaret) fueron transportados al cielo – o incluso personalidades no bíblicas, como Mahoma, que al menos fue llevado para tener una visión -. Si bien, no hay datos precisos que respalden esa idea sobre Menahem como Mesías, pero es significativo que tomen componentes que habían sido usados por el cristianismo unas décadas antes respecto de Yeshua ha.Notzri (Jesús nazareno), para atribuirlas a Menahem. Incluso este pasaje guarda similitud con un texto de la Biblioteca de Vaticano, que recoge una carta del procurador Poncio Pilatos, en el cual Claudia Procla y él escuchan que Yeshua ha.Notzri resucitó de entre los muertos y fueron a buscarle. En dicho relato Pilatos sostiene que Yeshua le dice: «ustedes me asesinaron». y agrega «como veis, yo vivo, pero mi venida será después». ¿Tienen razón los cristianos o los que creen que esta figura era el famoso Menahem?

En el Talmud de Babilonia, Sanhedrín 98b, Menahem aparece como uno de los nombres del Mesías, siendo esto para algunos más atrevidos una idea similar a la de la deidad hindú Vishnú, que habría encarnado varias veces, y en cuanto al Mesías de Israel, Menahem sería una de ellas. Otrosí, esta no es una creencia popular o muy difundida, sí es cierto que Menahem encaja con muchas de las ideas esperadas en la figura del Mesías, especialmente considerando que el profeta Daniel había anunciado que la manifestación del Ungido sería justo antes de la destrucción del Segundo Templo. Lo que sí podemos destacar sobre este individuo es que el nombre Menahem se traduce como 'el Consolador', siendo éste el término que usó primero Yeshua ha.Notzri para referirse al Ruaj ha.Kodesh (Espíritu Santo), que vendría tras su ascensión para consolar a sus seguidores: «Y yo rogaré al Padre, y os dará otro Consolador, para que esté con vosotros para siempre: el Espíritu de verdad, al cual el mundo no puede recibir, porque no le ve, ni le conoce; pero vosotros le conocéis, porque mora con vosotros, y estará en vosotros.» (Juan 14:16-17, R60). ¿Qué sentido tiene entonces la cita donde la madre le dice que Menahem fue llevado por un espíritu?

En otro midrash, concretamente del Talmud de Babilonia, Sucá 52a, se discute sobre el tema de ben Iosef, y el rabino Dosa Ben Harkin asevera que las palabras del profeta Zacarías respecto del Mesías son sobre el Mesías ben Iosef, y describen su agonía, oración de angustia y asesinato. No obstante, está claro que la idea del Mesías ben Iosef, aunque aparece en el Talmud, tiene componentes que representan una concepción anterior al propio siglo I a. e. c., y aún era tema visto en el Targum de la época islámica, donde el Targum Pseudo-Jonathan de Éxodo 40:9-11 describe 3 mesías: ben David, ben Efraim y Elías. Este tipo de tradiciones permanecieron hasta hoy y fueron muy conocidas en el judaísmo, y tanto es así que los targumim (traducciones de la Tanak al arameo), asumen que Zacarías 12:10 se refiere al asesinato del Mashiaj bara Efraim (Mesías hijo de Efraín). En el texto medieval 'Sefer Zerbabel' (libro de Zorobabel, o Apocalipsis de Zorobabel) se dice que al final de los tiempos el Mesías se enfrentará a Armilius (el Anticristo, posiblemente llamado así por la forma persa 'Arimainyus'), y al que el Midrash Vayosha describe como "una monstruosidad", figura anti-Mesías que será vencido por el Mashiaj ben Iosef) y Gog, y vuelve a aparecer la idea de que el Mesías aparecería dos veces, primero como ben Iosef y luego como ben David, es decir, primero con una misión y posteriormente con otra, la de rey.

El manuscrito de Zorobabel afirma que el nombre del Mesías es 'Nehemías ben Ḥushiel ben Ephraim ben Nun', mientras Isaías sostiene que su nombre es Imanu-El. El asunto es que según la lingüística hebrea esto puede querer indicar que por medio de los nombres se está haciendo alusión a la identidad del Mesías, acorde al carácter de su misión (el nombre refleja la identidad, misión, propósito o destino de algo o alguien). Es decir, Nehemías quiere decir, 'Dios ha consolado', mientras Efraín significa 'fructífero' o 'provechoso', y Nun es 'propagar', siendo también una indicación de parentesco con el padre del sucesor temporal de Moisés en Canaán, Ihoshah (Josué, Ihsous, Jesúa). Además de todo esto, el Sefer Zerbabel contradice una tendencia moderna judía, que pretende establecer el Tercer Templo por mano humana (aún cuando también Ezequiel y otros habían dejado claro que el Tercer Templo vendría del cielo – habiendo sido construido allá -, reforzando este texto de Zorobabel dicha afirmación). Otro texto medieval (siglo VII aprox.), el 'Otot ha.Mashiaj' (las señales del Mesías), coincide en muchos puntos con el manuscrito de Zorobabel. Algo similar ocurre con un rollo árabe-judío del siglo VIII, que contiene componentes semejantes, solo que en esta ocasión afirma que Ben Iosef reconstruye el templo y es asesinado por Armilius.

Ahora bien, los Midrash enlistan a varios Mesías, refiriéndose a "los 4 artesanos" o "4 carpinteros", como en Pesikta de-Rav Kahana 5:9 y Cantares Kabbah, hablando de Elías, el "rey Mesías", Melki-Tzedek (Melquisedec) y el "Ungido de Guerra"; lo mismo ocurre en Pesikta Rabbati 15.14/15, pero en el desa Tanna Eliyahu, los cuatro artesanos se enumeran los mismos que en el Talmud, como Elías, el Mesías Ben David, el Justo Sacerdote y el Mesías ben Iosef. Eso quiere decir que se entiende que la idea de Mesías igualmente puede asociarse al sacerdocio divino de la orden de Melki-Tzedek, y de ser así explicaría las palabras del Midrash de Aggadat-Masiah (parte de la compilación más grande del Lekah tov), que sostienen que ben Iosef parecía haber recibido funciones sacerdotales; Números Rabá 14:1 tiene una idea diferente de los 4 carpinteros, asumiendo que son Elijah (Elías), el Redentor de David, El Mesías de Guerra de Efraín y el Mesías de Manasés; por su parte, Yalkut Shimoni 569 enumera los 4 artesanos como Elías, el Mesías Ben David, el Justo Sacerdote y el Mesías ben Iosef. En Génesis Kabbah 75:6 se afirma que la bendición sobre Iosef (José) - de Deuteronomio 33:17 – es al "Mesías de Guerra", y después, en el 99:2, dice que el Mesías será un difunto de la guerra. En el Midrash Tanhuma también aparece ben Iosef o ben Efraim (como en Midrash Tehilim, el Alfabeto de Akiba ben Iosef o el Midrash Wayosha), pero así como Bet ha-Midrash (recopilación de Midrash por Adolf Jellinek) el Mesías es "una figura que es asesinada".

Las suposiciones sobre la muerte de ben Iosef es a través de guerra, contra sus enemigos, posiblemente por las palabras proféticas del rey David, que se interpretan como posible alusión a la guerra contra potencias foráneas o semi-demoniacas, mientras algunos – aunque pocos – creen que esos enemigos fueron de su propio pueblo (una conspiración para asesinarle), coincidiendo con otros pasaje bíblicos y halajot. Según los Midrash, las circunstancias y causas en torno a la muerte del Mashiaj ben Iosef (Mesías hijo de José) varían, así como la identidad de sus enemigos. También varían las interpretaciones de lo que ocurre con su cadáver tras su muerte, pero algunas fuentes - incluida la Enciclopedia Judía, tomo I, pág. 682, 684 – el Mesías hijo de José es resucitado, aunque esto se cree que sería a la llegada del Mesías ben David, si aceptamos que son figuras distintas. Pero, ¿y si el nombre va ligado – como de costumbre – a su propósito? ¿Podría entenderse la primera fase del Mesías como la obra de 'ben Iosef', y tras morir ser resucitado con la segunda parte de su misión como 'ben Daud'? Lo que está claro es que ben Iosef es una ficha importante incluso en la era de la Redención, ya que Fohar (en el Zohar) refiere que después de las batallas apocalípticas este Mesías entra en una columna de fuego, que es una idea que algunos asumen como la muerte de ben Iosef, y podría relacionarse con la simbología del ave Fénix que renace de sus cenizas.

Coincidiendo con otros eruditos, Saadia Gaon afirma que el hijo de José sólo tendrá que aparecer si Israel no se arrepiente, y si es necesario, el Mesías ben José rectificará el estado de la nación; Él podría ser como el que purga con fuego las graves transgresiones entre las naciones, o para aquellos que han cometido infracciones menores el lavar sus pecados con lejía. En un escrito judío del siglo XVIII se dice que el Mesías ben Iosef viene – de algún modo – de 'Joshua' (Ihosha, Josué, Ihsous), concretamente en el Koi Hato, del rabino Hillel Rivlin, que trata expresamente de la identidad de ben Iosef. Si bien, aunque parece una contradicción habla de José y también de Efraín, a lo largo de las Escrituras hebreas se entiende que las alusiones a Efraín se utilizan para identificar el 'reino del norte', que constituyó en su momento la mayoría del territorio y tribus de Israel. Por esa razón, algunas fuentes judías posteriores llaman explícitamente el Mesías Ben Iosef 'el líder de las diez tribus perdidas', como refieren Mikweh Israel (tomada por el cabalista del siglo XVII, Manasés ben Israel) o Malba (de su interpretación de Ezequiel 37), quien también habla de la muerte del Mesías ben Iosef, que tendría lugar después de que ben Iosef comenzara la redención de Israel por medio de Judah.

En concordancia con el Nuevo Testamento de los cristianos, la muerte del hijo de José inicia la visión escatológica de las Escrituras, aunque en la teología cristiana se entiende que desde la destrucción del Segundo Templo hasta el inicio de las señales del Anticristo pasarían varias generaciones (es decir, no sería algo inmediato). Por ello muchos judíos creen que cuando ben Iosef venza a Armilius (el Anticristo, Dajjal) comenzará la era de paz mesiánica. Pero a pesar de que las opiniones son muchas, los puntos en común y la fuente de las que nacen las interpretaciones es lo que se debe estudiar con lupa. Por ejemplo, Abraham Abulafia (el fundador de la Cábala extática) dijo que él era el Mesías hijo de David, el Séptimo Día y un Sacerdote, lo cual deja entrever que independientemente de que lo que dijese sobre él mismo fuese falso o no, había una noción de que el Mesías, aún siendo rey, podía ser sacerdote. De hecho, Abulafia reforzaba su idea en que su padre era de Judah, su madre de Leví y su esposa de Cohen (sacerdocio), y en su visión histórica consideró a Jesucristo como el Mesías ben Iosef.

Es curioso que a pesar de que el padrastro de Yeshua ha.Notzri era llamado Iosef (José), pocos pudiesen ver una indicación plausible de que las ideas de ben Iosef tratasen del nazareno. Incluso es irónico que la tradición judía llame a los 4 grandes "los carpinteros", a sabiendas de que Yeshua y su padrastro José se dedicaron a esta profesión (Yeshua, aunque no toda su vida, sí algún periodo de su vida se dedicó a la madera): «¿No es éste el carpintero, hijo de Mariam, hermano de Iakob, de Iosef, de Ihudah y de Shmon? ¿No están también aquí con nosotros sus hermanas?» (Marcos 6:3, Nuevo Testamento). Aunque Yeshua ha.Notzri– 'Ieshu' para los judíos – no recibe una buena acogida entre la comunidad ortodoxa, no todos lo ven como un brujo hereje y apóstata, sino como un profeta – no el Mesías – e incluso el mismísimo ben Iosef de la tradición rabínica. En ese sentido las coincidencias serían muchas entre Ieshua ben Iosef y el esperado 'ben Iosef' judío, pero esto no termina de esclarecer quién es el Mesías ben David, que parece ser otro personaje.

La historia de José nos inspira una analogía: un hijo predilecto que es envidiado por sus hermanos, es traicionado y entregado; él se hace el segundo en el gran poder y todos terminan dependiendo de él; sus hermanos se arrepienten de lo que le hicieron, él perdona a sus hermanos y les da herencia en su reino. Es evidente que si la teoría de ben Iosef tiene base real, esta síntesis de la historia del patriarca puede compaginarse con la del Mesías ben Iosef. De ser así, esto confirma que ben Iosef sería entregado por los propios suyos, luego ellos se darían cuenta de lo que hicieron (como dijo Zacarías), lamentándose profundamente, mas él los perdonará y los acogerá en su reino.

¿HA DE SER SACERDOTE?

Aunque en la cultura hebrea no parecía a simple vista haber alusión a que el Mesías tuviese un papel de sacerdote, sí es así en el cristianismo, según la carta 'A los Hebreos', y este entendimiento parece haber empezado a cobrar vida por la misma época en la mentalidad rabínica. Pero, si el Mesías ben David es rey y libertador, ¿cómo también va a ser profeta o sacerdote? Y además de ser profeta o sacerdote, ¿un predicador de paz? Sí, eso se dice de él, y además de un predicador de paz, ¿un sacerdote? Y no un simple sacerdote, sino un 'sumo sacerdote'; y aunque para unos pocos sería del orden de Aarón – sacerdocio terrenal -, para la mayoría de defensores de esta tesis, sería de la orden divina, que es la conocida como ordenamiento de Melki-Tzedek (Melquisedec = 'rey justo'). El libro de Levítico, que es estrictamente un manuscrito dedicado a evocar liturgias y protocolos sacerdotales y legislativos de los levitas, nos habla de las funciones del sumo sacerdote y la relación con el pecado, y concretamente en el capítulo 4, en los versos 3 y 5, habla de 'ha.Mashij', refiriéndose al "gran sacerdote ungido", y atravesando esta palabra – con 6 letras equidistantes – aparece el nombre 'Ieshua' (salvación). En un texto atribuido al profeta Elías, leemos que «Frecuentemente, el diablo ha deseado que el sol deje de brillar sobre la tierra y que la tierra deje de producir frutos. Desea consumir a los humanos, como el fuego que corre por el rastrojo, quiere tragarlos como el agua. Esto es porque el Dios de la gloria tuvo misericordia de nosotros y Él envió a su Hijo al mundo para que nos salvara del cautiverio.» (Apoc. Elías 1:4-5)

Según esto, Elías consideraría que el hombre está cautivo por el mal del diablo, y debe ser rescatado es de ese peligro, el que corre su alma. Pero siguiendo con Levítico, el capítulo 8 contiene el título de 'Jamedet' (amado, deseado), en los versos 7 y 9 – con 13 y 21 letras de separación, respectivamente – justamente donde el texto nos habla de cómo Moisés viste e inviste a su hermano Aarón y a sus hijos, que eran la cabeza del sacerdocio. ¿Qué función cumplían los sacrificios que elaboraban los sacerdotes? Se entendía que eran para expiar los pecados. En otras palabras, cada animal tendría una relación psíquico-astral con entidades de otras dimensiones, y asimismo, todas las acciones dentro del mundo de los fenómenos responderían flujos de ese plano "no físico". Por la misma regla, las acciones realizadas en el plano fenoménico causarían movimientos de parte del mundo inmaterial. En consecuencia, lo que se define como 'pecado' no sería otra cosa sino deudas a entidades de otra dimensión que, de no ser pagadas, serían cobradas en vida o después de esta vida. Debido a ello, las transgresiones a las leyes no eran una ofensa a un dios, sino un progresivo endeudamiento con dichos demonios-parásitos, que para eximir de estos compromisos se satisfacían con sangre. Visto de esta manera, era evidente que el sacerdocio temporal solo facilitaría ciertas mejoras temporales de la liberación espiritual o "kármica" humana, pero no de forma perpetua, siendo el hombre un esclavo de por vida respecto de este tipo de ofrendas, holocaustos y sacrificios.

Entonces entra en cuestión la mecánica de un sacerdocio divino, ya que al ser imperecedero, cubre al transgresor definitivamente o perpetuamente, llegando, empero, a poder ser entendido como un claro "salvador" del alma, ya que le libera de rituales vitalicios. No obstante, esto no es suficiente, ya que también el sacrificio ofrecido debería tener un componente perpetuo o inmortal, y los animales terrestres no lo tienen, al menos que sepamos. Ahora bien, conectando esta suposición con uno de los relatos más representativos de la historia israelita – el Éxodo – hallamos claras semejanzas. Los hebreos debieron untar con sangre de cordero los dinteles y puertas de sus casas para librarse del ángel de la muerte que acabó con todo primogénito de la tierra de Egipto. Este es un mensaje, como siempre, de más de doble contenido, y da al 'Sha' o 'Kebes' (ambos vocablos hebreos que significan 'cordero') la idea de medio de liberación, y a su sangre, explícitamente, el simbolismo de protección ante la muerte. Pero, ¿qué tipo de muerte? Tarde que temprano el ser humano debe morir, ya que intrínsecamente en este proceso está su siguiente experiencia en la Resurrección y la vida eterna. Por ende, la idea de muerte va más ligada al concepto de perdición y sufrimiento.

¿Qué más representa el cordero? Para los israelitas el símbolo del cordero ha de ser trascendental, ya que recuerda el rescate y huída de Egipto, y tanto es así que hasta hoy sigue siendo la más célebre de las 3 fiestas solemnes del pueblo judío: el Pesaj (la Pascua). Los israelitas asaron el cordero entero en aquella primera Pascua, muriendo el animal, siendo quemado y luego ingerido como símbolo perpetuo de conmemoración de su liberación de la servidumbre. ¿Qué servidumbre? Los eruditos y rabinos entienden que el hombre que vive en el pecado es siervo del pecado, está atado a él como un esclavo y hace lo que el pecado desea que haga, y así continúa alimentando sus parásitos demoniacos. Egipto ha simbolizado esta dependencia y esclavitud al pecado, esta vida de pasiones, desenfreno y falta de dominio propio, llevando al ser a las causas creadas por su mala manera de vivir, sus malas decisiones y sus malas acciones. Ningún sacerdote mortal puede cambiar eso en otro hombre, porque depende de una decisión propia del individuo, y solo podría ser influido por enseñanzas trascendentales que cambien su conciencia y despierten al hombre espiritual dentro de él para que luche contra los deseos de la carne.

El pasaje de Éxodo 12:9 que habla sobre el cordero «asado [al] fuego, su cabeza encima», encripta 'Shiló', lo cual podría interpretarse como una posible relación entre el Enviado y el símbolo del cordero de la Pascua. Mas, ¿por qué asado? ¿Está esto pudiendo insinuar que el Enviado debía de sufrir y morir para salvar a los obedientes a Dios (porque los que no hicieron esto fueron visitados aquella noche por el ángel de la muerte)? Pero el cordero aparece más veces en códigos que implican la participación o función del Mesías y/o sus títulos, como el caso de la palabra Jamedet (el deseado, el amado), visto en otro pasaje de Éxodo (29:42), al referirse a la expiación y sacrificio perpetuo del cordero: «éste será el sacrificio-continuo para vuestras generaciones abiertamente». También en Números 28:17 se habla de la Pascua y el Ungido, codificándose 'Mashiaj' en la frase «fiesta de 7 días de ácimos». Buscando pasajes que escondan mensajes místicos y profundos, hallamos tantas veces que el Cordero es un símbolo clave en lo que respecta a la Salvación, que habría que escribir un libro solo para abordar esta temática. A pesar de que dicho animal se utilizase para expiar pecados, también se hacía para conmemoraciones trascendentales. Ambas cosas, combinadas, daban al Cordero un componente muy importante en las ideas de salvación y santificación, y por esa razón encontramos pasajes como el de Éxodo 29:46, que nos dice: «conocerán que yo soy Iaheveh su dios, que los saqué de la tierra de Egipto, para habitar en medio de ellos. Yo Iaheveh su dios», y entre ellos el título 'ha.Tamid'.

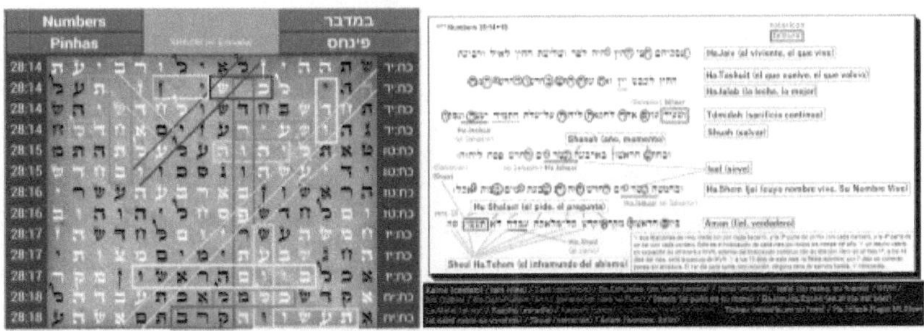

El 'Tamid' es el sacrificio u ofrenda que se hacía constantemente por los pecados y transgresiones del pueblo. Ergo, tenemos que considerar que el 'continuo sacrificio' se identifica con el Cordero, y ambos se identifican con la manifestación poderosa de Dios, ya que con estas configuraciones nos topamos contantemente. El mismo verso 32 tiene el término 'Nabia' (profeta), con 2 letras de separación, el 36 tiene a 'Jamedet' con 14 letras, y el 38 a 'Shiló', con 2. ¿También el profeta esperado está metido en esto? En Éxodo 39:17 hallamos el vocablo hebreo 'Taleh' (carnero (un cordero maduro)), en el verso 18 el título 'Shiloah' (el Enviado), y del 19 al 20 la definición 'Ieshua' (salvación). Estas palabras, además de estar tan cercanas, aparecen en las referencias sobre el efod y las hombreras del uniforme del sumo sacerdote. Otra correspondencia estriba del factor de imposición de manos, donde se pasaba la culpa a un animal que luego sería sacrificado, y así ocurrió cuando la casta sacerdotal levita empezó su ministerio, poniendo sus manos sobre un carnero tras ser investidos: «Después hizo que trajeran el otro carnero, el carnero de las consagraciones, y Aarón y sus hijos pusieron sus manos sobre la cabeza del carnero.» (Lev. 8:22, RVA 60) En estas palabras está escondido el título 'Shiló', con 4 letras de separación.

Una vez más, también en Levítico (12:8), nos habla del cordero y el pecado, y el servicio que presta el sacerdote mediando por la expiación del pecador; y entre las palabras de esta cita, el vocablo 'Ieshua', con 7 letras equidistantes. Y otra vez, codificando 'ha.Tamid' con 13 letras de separación, otra de las referencias a pagar con un cordero la expiación individual por el pecado, en Lev. 14:21. Podemos hacernos una idea de a qué se refería Isaías al decir de "aquel", que «como cordero fue llevado al matadero» (53:7), toda vez que constantemente se nos da a entender que el Mesías-Shiló tiene un papel clave en la expiación de los pecados de su pueblo, y el cordero es el principal símbolo que identifica este propósito. Podemos verlo otra vez en Levítico 22:21, donde 'Shiló' se halla ligado - con 6 letras de separación - a un sacrificio de ofrenda de paz a través de ganado vacuno u ovino, debiendo ser, además, puro (sin defecto). En otras palabras, el mensaje detrás del mensaje es que quien quiera mediar por otro debe estar libre de pecado. Es bien sabido que el sacerdote debía mantenerse completamente puro para realizar su oficio, pero también el animal sacrificado debía estar simétrica y biológicamente bien. No solo se nos enseña con esto que el que intercede por otro debe estar santificado, sino que el "medio" usado para expiar también debe estar santificado.

En el Testamento de José, el gran patriarca concluye sus palabras diciendo: «hijos míos, observad los mandamientos del Señor, y honrad a Judah y a Leví, pues de ellos deriva para vosotros el Cordero de Dios, por la gracia de salvar a todos los gentiles y a Israel.» ¿El cordero de Dios? Jesucristo es referido como cordero a lo largo del libro cristiano de Apocalipsis, pero ya desde el inicio de su aparición a Israel había sido llamado así por un profeta hijo del sacerdote Zacarías, Juan, el bautista: «El siguiente día vio Juan a Jesús que venía a él, y dijo: He aquí el Cordero de Dios, que quita el pecado del mundo. Éste es aquél de quien yo dije: Después de mí viene un varón, el cual es antes de mí; porque era primero que yo. Y yo no le conocía; mas para que fuese manifestado a Israel, por esto vine yo bautizando con agua.» (Juan 1:29-31, R60) Los discípulos de Yeshua ha.Notzri tenían esta idea sobre él: «sabiendo que fuisteis rescatados de vuestra vana manera de vivir, la cual recibisteis de vuestros padres, no con cosas corruptibles, como oro o plata, sino con la sangre preciosa del

Ungido, como de un cordero sin mancha y sin contaminación, ya destinado desde antes de la fundación del mundo, pero manifestado en los postreros tiempos por amor de vosotros, y mediante el cual creéis en Dios, quien le resucitó de los muertos y le ha dado gloria, para que vuestra fe y esperanza sean en Dios.» (1ª Pe. 1:18-21, RVA 60) Aún los primeros cristianos consideraban que un hombre podía entregarse como sacrificio por otros, pero dicho individuo debía estar libre de toda culpa o transgresión, para que su ofrecimiento fuese válido.

Un caso que parece reforzar bastante esta tesis sobre el Mesías también como sumo sacerdote se halla en el capítulo 8 de Números, que habla de la finalidad del servicio de los hijos de Aarón respecto del pueblo de Israel, y aparecen ahí palabras clave como 'Shiló' (en el verso 10, con 6 letras de separación), 'Jamedet' (en el verso 15, con 17 letras de separación), 'Nebiá' (que quiere decir 'profeta', y aparece en el verso 19 con 11 letras equidistantes) e 'Ieshua' (en el verso 22, con 7 letras de separación). Todas son las palabras principales que describen al Mesías: una como el Enviado, otra como el Amado-Deseado, otra como el Profeta y otra como el Salvador. Además de eso, Ieshua aparece en la cita de Números 11:2 – con 6 letras equidistantes -, donde la ira de Iaheveh había caído sobre Israel por quejarse de Él, y Moisés oró por ellos "para interceder", y el fuego de castigo cesó. El lógico que los cristianos piensen que Jesucristo murió voluntariamente para expiar de sus pecados a muchos, pero esta concepción no es aceptada por la comunidad judía, quien, además de aceptar que es casi imposible que un hombre sea lo suficientemente puro como para hacer algo así, ellos ven a Yeshua ha.Notzri como un hombre pecador. En Números 15:12-14, donde se habla de las ciudades de refugio establecidas en el antiguo Israel tras la toma de la tierra prometida, aparece Taleh (carnero) en el verso 12 con 6 letras equidistantes, Shiloah en el 13 con 3, Ieshua en el 14 con 9, así como ha.Nebiá (el profeta) con 3.

Una vez más, las partes donde se codifican palabras como 'Jamedet' o 'Shiloah' suelen situarse en versos sobre ofrecimiento de sacrificios, servicios de los sacerdotes y expiación de pecados, especialmente por medio de ovinos o vacadas: Números 15. En el capítulo 14:45, aparece Jamedet, y otra vez dos versos más adelante, en el 15:2, priorizando el llevar a cabo sacrificios y ceremonias en las fiestas solemnes; y de los versos 6 al 9 aparece 'Shiloah' con 3 y 27 letras de separación, cruzado con la especificación 'ha.Mashiaj' (el Mesías), que cruzan también los versos 7 al 10, junto con la apreciación 'Iabó' (vendrá) en el verso 8, con 7 letras equidistantes. ¿Vendría el Enviado y Ungido con el símbolo de sacrificios de estos animales? En Deuteronomio 10:8-9 nos habla del 'cetro' de Leví que es separado para llevar el Arca de la Alianza, y que su herencia sería el propio Iaheveh; y dado que nos habla de la consagración al servicio sacerdotal, debe escudriñarse lo que hay detrás: 'ha.Tamid', aparece del verso 8 al 9, con 15 letras de separación, y 'Shiló' aparece en el 9, con 5. En el verso 13 reitera las palabras a Israel sobre guardar los mandamientos, y encripta el término 'Taleh' (carnero), mientras en el 16 tiene otra vez a 'Shiló', con 6 letras equidistantes, al hablarles de que circunciden su corazón. O sea, debe haber un cambio de pensamientos, ya que los objetos del Sinaí eran arquetipos para programar la mente hacia una corrección de comportamiento.

Un controversial texto atribuido al profeta Isaías, dice que este hombre (Isaías) fue asesinado por orden del demonio Belial (Beliar), quien animó al rey Manasés de Judah (697 y 642 a. C.) a quitarle la vida por revelar cosas que desenmascaraban al demi-dios Samael y describían las señales del Ungido: «Beliar tuvo gran ira en contra de Isaías en razón de la visión, y debido a la exposición con que había expuesto a Samael, y porque a través de él la salida del Amado del séptimo cielo se había dado a conocer, y de su transformación y su descenso y la semejanza en la que debe ser transformado (es) la semejanza del hombre, y la persecución con que debe ser perseguido, y los verdugos, con los cuales los hijos de Israel le torturarían, y la llegada de sus doce discípulos, y de su enseñanza, y que debe ser crucificado en el madero antes del sábado, y debe ser crucificado junto a los hombres malos, y que debe ser enterrado en el sepulcro, Y los doce que estaban con él debe sentirse ofendido por causa de él, y los que le vieron en el sepulcro: Y la Bajada del Ángel de la Iglesia cristiana, que está en los cielos, a quien convocará en los últimos días. Y que (Gabriel), el ángel del Espíritu Santo, y Mijael, el jefe de los santos ángeles, en el tercer día se abrirá el sepulcro: Y cargarán al Amado en sus hombros, saldrá y enviará a sus doce discípulos; Y que van a enseñar a todas las naciones y todas las lenguas de la resurrección del Amado - y los que creen en su cruz serán salvos - y en su ascensión al séptimo cielo de donde vino: Y que muchos de los que creen en Él hablarán por medio del Espíritu Santo: Y muchas señales y prodigios se producirán en esos días.» (Ascensión de Isaías 3:13-20)

Aunque el manuscrito deja claras aseveraciones que nos llevan a entender que el Elegido vendría del "7º cielo", que se "transformaría" y "descendería" a manera de hombre, afirma también que había de ser "perseguido", que habría "verdugos" que "los hijos de Israel" usarían para torturarle, que tendría "12 seguidores", que daría cierta "enseñanza", que debía ser "crucificado" en un Shabat (fiesta solemne, sábado, día de descanso), sería "enterrado", al "tercer día" le levantarían, habría muchos "milagros" y sus seguidores "predicarían su resurrección y ascensión al 7º cielo", lo cual encaja tan a la perfección con el relato cristiano sobre Yeshua ha.Notzri, que se ha señalado dicho texto como pseudo-epígrafe y de mera invención cristiana. Con todo, el que diga "ángel de la iglesia cristiana" no implica una influencia cristiana en la redacción, ya que según la lengua hebrea esto sería «malaj adah/kahal mashaj», es decir "mensajero de la congregación/asamblea ungida", cosa que meramente puede describir un conjunto de personas fieles al Mesías y poseedores del mismo espíritu divino que a él le habría guiado. Esta congregación, ¿es de la que habló Isaías? «He aquí, yo y los hijos que me dio Iaheveh somos por señales y presagios en Israel, de parte de Iaheveh Tzabaot, que mora en el monte de Tzion.» (Isa. 8:18, R60)

Según los cristianos, Yeshua se sacrificó por el pecado del mundo, y los judíos sostienen que ningún hombre puede hacer eso. En contraposición a esta afirmación, las descripciones bíblicas parecen decir lo contrario, y más bien que el Mesías sería entregado como 'sacrificio continuo' y definitivo, o sea, a partir de entonces los sacrificios para expiación ya no tendrían sentido, toda vez que el Elegido habría pagado por la remisión de las deudas. Por ello Iashua (salvación) suma 391, como la frase de Núm. 28:33, que dice "este ofrecerás como sacrificio continuo", pues el Elegido salva a los que creen en él y siguen sus mandamientos. Es posible que en Génesis 4:11-17 haya una correspondencia a propósito de esto en códigos de la Torah, donde entre 4 y 21 letras de separación aparecen la definición 'Ieshua', el nombre de la ciudad 'Nazaret' y el concepto de 'ha-Tamid' (el continuo sacrificio). Otro caso semejante, también con Código B (códigos de la Torah), se esconde en Gén. 11:13-19 - que son las partes que esgrimen la descendencia del patriarca Sem (de donde provienen los "semitas") hasta Teraj (o 'Taré', como lo transcriben) que fue el padre de Abraham -. En esos versos, de 12 a 26 letras de separación, están entrelazados el vocablo Ieshua, el objeto de 'ha.Tamid' y el título de 'Jamedet' (el amado); más abajo, en el verso 24, y con 8 letras, vuelve a aparecer 'Jamedet', y en el 31 aparece 'Shiló', con solo 2 letras de separación.

En las Cuevas del Qumran, en el mar Muerto, se encontró lo que podríamos considerar el "santo grial" del sacerdocio divino, al hallarse muchas partes del libro de Henoc en arameo, incluyendo anexos sobre el linaje sacerdotal de la orden de Melki-Tzedek. En la extensión del capítulo 23 del Segundo Libro de Henoc, podemos leer que nos relata detalles importantes sobre un sumo sacerdote de la Orden de Melki-Tzedek que vendría con milagros, siendo la mano poderosa de Dios, pero a pesar de eso, conocería la muerte: «Melquisedec será el jefe de estos trece sacerdotes que han habido anteriormente. Y en la postrera generación surgirá de nuevo otro Melquisedec como punto de partida de (otros) doce sacerdotes. Y luego vendrá el jefe de todos, el gran Pontífice, Palabra de Dios y Fuerza para obrar milagros estupendos, más famosos que todos lo que han tenido lugar (hasta hoy). Este Melquisedec será sacerdote y rey en el lugar de Achuzan, esto es, en el centro de la tierra, donde fue creado Adán, y allí mismo será emplazado luego su sepulcro. Acerca de este pontífice está escrito de antemano que también él será sepultado allí donde está el centro de la tierra...» (ver. 42-46) En el verso 60 agrega que tras el sacerdote y rey de Salem vendría un sacerdote celestial, guía y creador del universo: «Y transcurrirán tres mil cuatrocientos treinta y dos años, partiendo desde el principio y la creación de Adán, hasta que llegue esta época. Y después de este Melquisedec se sucederán sacerdotes en número de doce hasta (que venga) el gran Higúmeno –esto es, guía– que hizo todas las cosas visibles e invisibles.»

SHILÓ - EL ENVIADO

«   Después oí la voz del Señor, que decía: ¿A quién enviaré, y quién irá por nosotros? Entonces respondí yo: Heme aquí, envíame a mí. Y dijo: Anda, y di a este pueblo: Oíd bien, y no entendáis; ved por cierto, mas no comprendáis. Engruesa el corazón de este pueblo, y agrava sus oídos, y ciega sus ojos, para que no vea con sus ojos, ni oiga con sus oídos, ni su corazón entienda, ni se convierta, y haya para él sanidad. Y yo dije: ¿Hasta cuándo, Señor? Y respondió él: Hasta que las ciudades estén asoladas y sin morador, y no haya hombre en las casas, y la tierra esté hecha un desierto» (Isa. 6:8-11, R60) ¿Quién fue enviado? ¿Quién vendría "por" "ellos"? ¿Quién habló a su pueblo y ellos no le entendieron? ¿Quién "mostró" señales claras y aún así no las comprendieron? ¿Quién es aquel que les habló pero estaban cegados y no entendieron, y al grado fue que esto les costó gran pesar, pues la obra fue hecha y no la recibieron (pues dice "que no se salven")? ¿Qué no se salven de qué? Dice que así sería hasta que todo estuviese desolado y abandonado. ¿Cuándo se supone que eso debería ocurrir si ya Israel está otra vez en su tierra y están listos para recibir a su Mesías? ¿Es que acaso fue algo pasado donde al no atender ni creer en el que les fue enviado no se salvaron de una desolación que les vino, tras la cual la tierra de Israel fue abandonada? De ser así, esto encaja con la Abominación Desoladora, que fue la derrota de los judíos en su revuelta contra los romanos, tras lo cual los expulsaron y Judea y Samaria fueron abandonadas y quedaron desiertas.

Uno de los dilemas más significativos del misticismo judío es descubrir la identidad del Mesías a través de la Tanak (Antiguo Testamento), pero especialmente por la sagrada Torah (Pentateuco), y es respecto de los mensajes recibidos que estudian quién podría ser a la luz del enigmático 'Shiloah'. El aspecto más importante sobre la identidad del Mesías es el de la figura de Shiló o Shiloah, y dado que su mención en la Torah es más valiosa que si estuviese en los Nebiim (profetas) o Ketubim (escritos) – los 3 grupos que conforman la Tanak -, es ahí donde estudian las primeras pistas. De los 5 libros que conforman la Torah el más sagrado es el Barashit (Génesis), y justamente ahí, casi al final, aparece la primera gran sentencia o afirmación sobre Shiló/Shiloah: «No será quitado el cetro de Judah, ni el legislador de entre sus pies, hasta que venga Shiloah [Shiló]; Y a él se congregarán los pueblos.» (Gén. 49:10) ¿A él se congregarán los pueblos? Esta figura profética tiene más componentes de Mesías del mundo que de los propios judíos, y parece más una figura espiritual y libertador del alma que un guerrero, un simple rey o un libertador militar.

¿Qué significan estos vocablos hebreos? Aparecen ambos. Shiloah quiere decir 'enviado', siendo curiosamente en plural el nombre que recibieron los 12 ministros de Yeshua ha.Notzri, los 'Shlijim' (enviados), que en griego es 'Apostólos' (apóstoles). En la carta a los hebreos – en el Nuevo Testamento -, dan a Yeshua los títulos de 'sumo sacerdote' y 'apóstol', siendo este último en hebreo 'Shlij', de la raíz 'Shiloah'. ¿Enviado para qué? La forma adjunta en el verso de Génesis 49:10, es Shiló, de la misma raíz y cognado que 'Shiloah', y ambos de la forma 'Shlomeh' (pacífico), y he ahí la coincidencia con el nombre del "hijo de David", que trascriben como 'Salomón'. Comparando el contexto del Mesías y la vida de Salomón es evidente que él no lo fue, aunque hizo algunas cosas que parecían distintivas del Mesías, o imagen de lo que haría el Ungido venidero. Por consiguiente, dado que Salomón no fue el Mesías esperado, otro sería aquel 'pacífico' de quien tomó nombre el rey Salomón. Pero, ¿por qué le llamarían pacífico si los judíos esperan un libertador? ¿Cómo, siendo pacífico, reunirá y reunificaría Israel y lo levantará a su antigua gloria? ¿Qué hará con los enemigos de Israel? ¿Los destruirá a base de besos y amor?

La frase «hasta que venga Shiló», suma en gematría 358, que es el mismo número de 'Mashiaj' (ungido) y de 'Najash' (serpiente). Esto es solo otro detalle que deja entrever que efectivamente Shiló es el Mesías, pero también parece aducir que su venida será también el tiempo en que se manifestará Lucifer (la serpiente antigua). De ser así, esto concordaría con el Apocalipsis cristiano, que anuncia la caída de la serpiente antigua sobre el mundo al levantarse el Anticristo, y a quien ayudará por un breve tiempo hasta que aparece en escena Jesucristo y encierra a la serpiente y manda a destruir al Anticristo. Pero aquí hay más oculto, el mismo verso 10 de Génesis 49, en la frase «Shiloah [Shiló] va.ló ikhat amim» (Enviado/ Pacífico a quien atenderán los pueblos), aparecen con las iniciales (notaricón) o acrónimos concepto de 'Ieshua' (salvación), y en bacrónimos, con la extensión de las palabras anteriores, «ad ki-bá» ("hasta que venga", o "dará testimonio porque vendrá") se forma "ve idá ha.mevet" (y conocerá la muerte). Pero esto es sabido, aunque en el judaísmo se rechace el estudio que lo afirma: «después de las sesenta y dos semanas se quitará la vida al Mesías, mas no por sí...» (Dan. 9:26, R60) Estas palabras fueron escritas al menos hace unos 2.560 años, y solo confirman lo ya más que entendido: el Mesías será asesinado. ¿Será solo ben Iosef, ben David, o los dos?

Así como en Génesis 49:10 se ve codificado que Shiló o Shiloah es el Mesías, también hay una correspondencia en Génesis 16:6-12, donde tanto 'Shiloah' como 'Mashiaj' aparecen con 1 y 30 letras de distancia, respectivamente. Una y otra vez aparecen referencias, profecías y códigos que advertían que el Mesías-Shiló, no solo debía sufrir, sino que debía morir, y además, posteriormente resucitaría de entre los muertos. Asimismo el enigma de la identidad de Shiló ha sido estudiada por muchos místicos y rabinos, y de tantas posibles referencias escondidas en la Torah, encontramos relaciones con el maná (el pan que vino del cielo), confirmando que será un "enviado" que "nutrirá" de alimento "divino" a los hombres, es decir, de conocimientos del cielo. Génesis 49:10 habla además directamente de Shiló y Shiloah, pero los versos 11 al 13 ocultan también 'Shiloah' a través de ellos con 20 letras de separación. En el verso 18, dice «Tu salvación esperé, oh Iaheveh», siendo evidente que dentro de la tabla está otra referencia a que Shiló será un salvador. En Éxodo 16:15 nos dice que los israelitas no sabían qué era este alimento que caída del cielo, y en la frase «hijos de Israel pues dijeron al varón», se encripta 'Shiló'. En los textos del cristianismo, llamados "evangelios", relacionan a Yeshua ha.Notzri(Jesús de Nazaret) con esta idea: «Porque el pan de Dios es aquel que descendió del cielo y da vida al mundo. Le dijeron: Señor, danos siempre este pan. Jesús les dijo: Yo soy el pan de vida; el que a mí viene, nunca tendrá hambre; y el que en mí cree, no tendrá sed jamás.» (Juan 6:33-35, R60)

Pero esto tiene un refuerzo mayor en los propios versos 35-36 de Éxodo 16, donde dice que los israelitas comieron este pan del cielo por 40 años, hasta que llegaron a Canaán; aunque hablaré de esto después, he de agregar que está codificado el nombre de la ciudad de 'Nazaret' en la frase «tierra de Canaán, y un gomer es una décima». El vocablo hebreo 'Amer' no solo se refiere a lo que transcribieron como 'gomer', sino a una gavilla, lana o manojo de espigas; mientras por su parte el término 'Canaán' deriva de 'Kena', que se refiere a ser sometido, humillar o ser doblegado. Es posible que esto ocultamente sea una alusión directa a la "recogida" y "dominio" sobre el pueblo, lo cual coincidiría con la esperanza en una de las misiones del Mesías. En el Salmo 78:27 nos vuelve a hablar del maná y las aves que cayeron del cielo para alimento de los israelitas, y ahí aparece codificado el concepto de 'Ieshua' (salvación, salva) en la cita: «remanente y como arena de los mares aves». Es significativo que hable de la 'arena' – en lengua hebrea 'Jol' -, ya que el símbolo oculto tras ella es la muerte y el renacimiento, significando también 'Fénix'; incluso la palabra que se traduce por 'mares' – en hebreo 'Iamim' - también significa 'días', pudiendo ser una alusión oculta a la muerte, resurrección e inmortalidad, toda vez que para referirse al tiempo, la longevidad, la duración o un periodo largo, se usa la referencia a "días".

Génesis 49:11 y 12 nos dice que Shiloh (el Enviado) 'ata' el pollino a su vid, pero, ¿por qué? ¿Qué significa atar su pollino a su vid'? El concepto de 'Asr' (atar) se refiere a obligar o asumir una obligación, responsabilizar o encarcelar. La 'vid' representa el árbol más significativo de la producción de fruto excelente y de uso social para la alegría y el regocijo, y juega un roll trascendental en los símbolos del Mesías y de Israel (de hecho, Ezequiel 15:6 lo menciona al referirse a la purificación de Israel, donde la frase «Adonai Iaheveh, como con el árbol de la vid», encripta el epíteto de 'ha.Notzri' (lo consagrado)). La vid es en parte el símbolo de la casa de Ihudah (Judah), pero principalmente el símbolo de Israel (el olivo natural). Ata ahí, a Israel su 'Airah' o el 'Airó', que significa 'borriquillo', 'despierto', 'agitación' o 'ciudad', y habla también de un 'Sharkah' (vid de excelente calidad) atado a su 'Atan' (asna). Todo esto nos recuerda a Zac. 9:9 que advierte que el Mesías llegaría a Jerusalem (la ciudad) de forma humilde, sobre un 'Air' (pollino de asna); y en Gén. 42:26, que habla de los "burros" en que los hijos de Iakob llevan la carga de Egipto a Canaán, se halla encriptado 'Jamedet', por lo que esto se puede entender como una confirmación de que el "rey" que viene, efectivamente, se manifiesta humildemente entrando a Jerusalem en un asno.

Es pues un símbolo de humildad el que está siendo referido respecto de Israel (la vid), para encargarse de ellos, no de un asunto estrictamente de guerra. Lo curioso es que la palabra 'Atanu', como se refleja en el texto, también significa "con nosotros", es decir «atar a la vid escogida a nuestro hijo.» Pero, ¿por qué parece hacer una distinción entre una vid con un burrito, y también una vid excelente con el hijo de la asna? ¿Un mismo burrito atado a dos vides distintas, una natural y otra excelente? Para la primera vid es un burrito, pero para la segunda es 'hijo de asna' o incluso hasta 'hijo' de quien hablaba (Jacob), es decir, de su linaje. Históricamente se tiene noción de que el judío Yeshua ha.Notzri era representado en el mundo anti-cristiano primigenio como un hombre crucificado con cabeza de burro, y que se decían de los cristianos que creían en un dios con apariencia de asno, refiriéndose a Jesucristo. En aquella época, para los enemigos de aquel nazareno dentro del Sanedrín, los últimos días del padre del cristianismo fueron humillantes: este hombre entró a Jerusalem en un asno.

Algunos, como sucedió posteriormente, habrían visto esto como una mofa, un ejemplo de un pretencioso que no tenía ni dinero para comprarse un buen caballo para su entrada triunfal, pero los que sabían lo que esto significaba se indignaron, pues Zacarías había dicho que el Mesías entraría a Jerusalem en un borriquito. Así lo cuentan los cristianos: «...y trajeron el asna y el pollino, y pusieron sobre ellos sus mantos; y él se sentó encima. Y la multitud, que era muy numerosa, tendía sus mantos en el camino; y otros cortaban ramas de los árboles, y las tendían en el camino. Y la gente que iba delante y la que iba detrás aclamaba, diciendo: ¡Hosanna al Hijo de David! ¡Bendito el que viene en el nombre del Señor! ¡Hosanna en las alturas! Cuando entró él en Jerusalem, toda la ciudad se conmovió, diciendo: ¿Quién es éste? Y la gente decía: Éste es Yeshua el profeta, de Nazaret de Galilea.» (Mateo 21:7-11, R60) La versión ortodoxa judía siempre ha sido que Yeshua ha.Notzri, conociendo las Escrituras, forzó todos los acontecimientos de su presentación a Israel para que encajasen con los anuncios del Ungido, y así los judíos creyesen erróneamente que él era el Mesías. Esta es una de las razones que lo han postulado en la versión rabínica y tradicional jasídica como un falso profeta.

Más continuando con Génesis 49, tenemos que el mismo verso 11, que sigue hablando de Shiloh (como incluso se expresa en código B, donde el nombre 'Shiloh' atraviesa los versos 11, 12 y 13 con 20 letras de separación, siendo el 20 (Caf), símbolo del poder) nos dice que "lava sus vestidos". De por sí, 'lavar' es un distintivo de purificación, pero, ¿de qué se tiene que purificar el Enviado? Usa el vocablo 'Kebes', que es más explícito en esta idea de limpieza espiritual. No dice que ya sea puro, sino que se limpia, y lo hace en 'vino'. ¿Quién limpia su vestimenta en vino? El vino no limpia, mancha, salvo que esté hablando el simbolismo del vino respecto de la purificación. La purificación se conocía en la cultura hebrea como acción que se conseguía sacrificando animales para expiación de pecados, pues con el derramamiento de la sangre de los animales se libraba la propia sangre del hombre que había errado – como recordaréis que os he dicho -. Por eso agrega que «en sangre de uvas» lavó "su manto". No se purifica en sangre de animal, sino en sangre de uvas, que son conceptos del regocijo, y símbolo del fruto de Israel. Es más, la sangre evoca a muerte, pero el jugo de fruta representa alivio, felicidad, deleite y buenos resultados.

Entonces, si ni hace falta ser un erudito para ver que el uso del concepto de la sangre también se usa para denotar muerte, y si la vid es se usa como metáfora para referirse a Israel, podría interpretarse esto incluso como alusivo a la muerte de Shiloh en Israel o por parte de Israel. Pero, ¿por qué tenía que lavar sus vestidos, y por qué hacerlo en vino? El vestido identifica la integridad de una persona. El simbolismo de esto deja claro que Shiloh pasa por un proceso de dignificación y glorificación a través de Israel - se trata de un estado de martirio (sangre) por la que él deba pasar -. Por esa razón nos dice el verso 12 que sus ojos (reflejo del alma y de la observación) estaban "enrojecidos" del vino, pero, ¿el Mesías sería un borracho? Esto es un contexto sobre un éxtasis, porque la voz 'Jaklil' no significa simplemente 'enrojecido' sino 'brillante'. Aquí se halla otra representación de la purificación, pero esta vez interior, también respecto del "fruto de la vid". Él da el fruto que no da la vid, y se responsabiliza de la tarea que tenía la vid natural. De esto se tomarían los primeros cristianos para justificar su uso del vino de forma sagrada... La noche que Yeshua ha.Notzri fue entregado era la primera de las dos tardes de la Pascua de aquel año, donde hizo una conmemoración con pan y vino respecto de él que sigue recordándose en la cristiandad.

Mientras se dice que Juan el bautista era un hombre de suma abstinencia, Yeshua tendría más decoro y sociabilidad, lo cual incluía el beber vino con otros: «vino Juan el Bautista, que ni comía pan ni bebía vino, y decís: Demonio tiene. Vino el Hijo del Hombre, que come y bebe, y decís: Éste es un hombre comilón y bebedor de vino, amigo de publicanos y de pecadores.» (Lucas 7:33-34, R60) Yeshua nunca negó que bebiera vino, pero el componente que él dio al vino parece haber sido el de un significado más profundo, y no reflejaba en él el uso para un estilo de vida desenfrenado: «El que come mi carne y bebe mi sangre, tiene vida eterna; y yo le resucitaré en el día postrero. Porque mi carne es verdadera comida, y mi sangre es verdadera bebida. El que come mi carne y bebe mi sangre, en mí permanece, y yo en él.» (Juan 6:54-56, R60) A diferencia del Islam, el judaísmo y el cristianismo no tienen problema con el vino, ni siquiera el resto del mundo, pero los griegos tenían a una deidad famosa por ser señor del vino: Dionisio. Algunos han considerado que el catolicismo introdujo en el relato de la vida del nazareno elementos del vino basados en los poderes mágicos de Dionisio, pero estos relatos del vino en el cristianismo precedían al catolicismo en al menos 3 siglos. Aún así, sigue siendo extraño tanto énfasis del vino por parte de los precursores del cristianismo, siendo que no promueven la embriaguez.

La noche de la Pascua en que Jesucristo fue entregado, se dice que habló a sus más cercanos otra vez sobre el significado detrás del vino: «Y tomando la copa, y habiendo dado gracias, les dio, diciendo: Bebed de ella todos; porque esto es mi sangre del nuevo pacto, que por muchos es derramada para remisión de los pecados. Y os digo que desde ahora no beberé más de este fruto de la vid, hasta aquel día en que lo beba nuevo con vosotros en el reino de mi Padre.» (Mat. 26:27-29, R60) Como ya he dicho el Pesaj (Pascua) es muy importante para reconocer al Mesías, porque representa la liberación del pueblo de Dios, que es un carácter innato en la idea del Mesías, pero, ¿quiere decir que por estos componentes ya Jesucristo muestra ser el Mesías? Y de serlo, ¿es ben David o ben Iosef? Tenemos que hablar de Jesucristo mayormente y en mayor medida, ya que es él quien primeramente es considerado el Mesías. Aunque sea visto para hindúes como un gran maestro, para budistas como un iluminado, para la nueva era como un maestro ascendido o un alien y para el cristianismo como Dios, los judíos tienen una versión muy diferente de los hechos y mucho qué refutar sobre la perspectiva que los cristianos, especialmente, tienen sobre este caballero judío.

En Números 28:14 se codifica tanto 'Shiloah' como 'ha.Nebiá' (el profeta); y ahí, Shiloah aparece tres veces (del 14-15 con 9 y 10 letras de separación, y del 17 al 18 con 17). No es la primera vez que descubro coincidencias entre el Mashiaj-Shiloah y el Nebiá, ¿pero es concluyente para asumir que el Elegido podría desempeñar funciones tan distintas unas de otras como hacer de rey, de predicador de paz, de profeta y de sumo sacerdote? Y si no es así, ¿quiénes son y cuánto aparecerían todas estas otras figuras que han de manifestarse? Mientras tratamos de desvelar este dilema, la analogía entre el Mesías-Enviado y el ser Salvador siguen apareciendo sin parar. Una vez más, en códigos de la Tanak, hallamos en el libro de los profetas una alusión sobre este tema, que encripta 'Ieshua', en su caso en el libro del profeta Jeremías, en la frase donde habla también de las palabras que siglos antes había mencionado David sobre el Mesías – sobre sus huesos sacudidos y su corazón quebrantado -, agregando «ebrio y como persona turbada por vino» (cap. 23:9). Décadas después de la crucifixión de Yeshua ha.Notzri, Pablo de Tarso habló del beber vino con analogía respecto del Espíritu Santo, afirmando. «No os embriaguéis con vino, en lo cual hay disolución; antes bien sed llenos del Espíritu...» (Carta de Pablo a los Efesios 5:18, R60) A lo que se entiende que se refiere esto es a un estado de éxtasis o trance, como los estados alterados de la conciencia en que están muchas personas cuyo alma conecta con otros planos de realidad.

En un sentido genérico, este tipo de expresiones de 'Shakur' (ebrio, borracho, bebido) pueden incluso ser, simplemente, descripciones sobre 'mareo', 'delirio' u otra sensación donde se está cerca de perder el conocimiento. Si recordamos la pasión del nazareno, le golpearon, le descoyuntaron huesos, murió por asfixia y su corazón no tenía más sangre para bombear, y todo ese tormento, sin haber comido, ni bebido ni dormido, habría sido en un estado de mareo a punto de perder las fuerzas y desmayar en cualquier momento. No obstante, esta sería solo una mera interpretación. En el libro de Jeremías hay un mensaje escondido sobre las palabras relativas a "no volver a beber vino" hasta el día futuro de la Redención, y es en el capítulo 35:14, en la frase «vino, pues, no beberá más», encriptando 'Ieshua'. Ya que hablamos de temas de "mesías", no podemos dejar de introducir en la apologética-debate-investigación al judío Yeshua ha.Notzri, quién habría dicho que no volvería a beber más vino desde aquella última Pascua con sus seguidores. Ahora, no por eso él es el Elegido. Génesis 49:12, que es la base de la idea del Enviado, termina diciendo que sus «dientes [están] limpios en leche». Los dientes representan la dureza y fuerza interior, y la memoria del linaje y de las experiencias; la leche representa la instrucción pura y sencilla. La apariencia de los dientes refleja el record de las experiencias, pero el color identifica el estado de salud interno.

Notoriamente este es otro símbolo de humildad y pureza interior. Constantemente las alusiones a Shiló tratan de un hombre humilde, como el caso de Isaías 29:19-20, donde la frase «en el santo [de] Israel se regocijarán pues», codifica el título 'Shiló'. Es importante considerar que la palabra hebrea que se traduce por 'regocijo', es 'Gil', que da lugar al nombre de la ciudad de 'Galil' (la que se regocija), que trascriben como 'Galilea'. ¿Podría venir el Mesías de Galilea o haber hecho en esa región algo importante? Más adelante el Talmud responderá a esto. En cuanto al Enviado o Pacífico, otro mensaje oculto, que lo asocia al trono de David que pasa al 'pacífico', se halla en 1ª Rey. 1:37, donde dice claramente que así como Iaheveh estuvo con David, así esté con Salomón y engrandezca aún más su trono. Precisamente en el susodicho pasaje, donde dice «esté/estará con Shlemah (el pacífico) y aumente», aparece codificado 'Ieshua' (salvador); y en el verso 46 se vuelve a repetir este nombre al referirse a Salomón cuando vino a sentarse en su trono: «y asimismo Shlemah (el pacífico) se ha sentado sobre él». Si Shiloah resalta en algo es en que salvará a muchos, y es ese el principal calificativo que le destaca.

Otro ejemplo bueno que da al Mesías un carácter relacionado con la salvación y la santidad del pueblo está en Joel 2:16, donde el término 'Mashiaj' aparece en la frase, «espíritus salga el novio de la cámara», que habla del cambio de corazón del pueblo de Dios para ver una herencia en paz y abundancia. Esto es mucho más profundo, ya que la idea de 'pechos' se usa para referirse al 'lactante' o 'el que mama', que deriva de Shedim (demonios, espíritus, querubines), que tiene la connotación de concepto espiritual o inmaterial, mientras Jaten (novio) se usa para designar al Mesías – especialmente en el cristianismo -, y 'Jeder' (cámara, habitación) es el lugar privado o íntimo. Pero eso no es todo, el mismo verso 16 tiene el vocablo 'Ieshua' (salvación) en la misma frase, en la forma, «niños y nenes de pecho», lo cual es un símbolo relativo a los humildes y santos.

UN PREDICADOR DE PAZ

Mientras los judíos esperan a un Mesías libertador y guerrero, las profecías hablaban siempre de un mensajero de paz (de hecho, Shiloah y Shiló son raíces y cognados de Shalom (paz)), como también avisó otro profeta, Zacarías (760 a. e. c.): «También serán destruidos los arcos de guerra, y él hablará de paz a las naciones. Su dominio será de mar a mar y desde el Río hasta los confines de la tierra.» (Zac. 9:10, RVA 95 (RVA 95 es la edición de 'Reina y Valera' de 1995 de la traducción de esta casa editora al español)) Cada palabra y cita pueden pertenecer a distintos contextos, ya que hablamos de mensajes crípticos, pero claramente nos transmite una visión de un predicador de paz. Otro ejemplo de esto lo podemos hallar en Miqueas 1:15, que nos dice: «He aquí sobre los montes los pies del que trae buenas nuevas, del que anuncia la paz.» Claramente es una referencia al mismo hombre, el Mesías (incluso el vocablo 'Mashiaj' sale también ahí codificado).

Isaías 55:3, nos dice: «Inclinad vuestro oído, y venid a mí; oíd, y vivirá vuestra alma...». Hay que prestar atención a las palabras del Mesías para que viva nuestra alma, ¿y es que acaso nuestra alma está muerta? O nos está diciendo a manera de eufemismo que aunque vivos estamos realmente muertos (posiblemente por nuestra vida pecaminosa o por nuestros sufrimientos diarios) o que si atendemos a sus palabras tendremos parte en la Resurrección. De ser así, ¿sólo hay que escucharle? ¿Se le podría persuadir para hacerle creer que le hemos oído, y alcanzaríamos la vida eterna? ¿Y quién le confirmaría a él que sí le escuchamos o que no lo hicimos? Es evidente que debe haber un grito, un resultado. Por consiguiente, lo que nos enseña este mensaje es que el Mesías dará enseñanzas de salvación, y quienes las pongan en práctica participarán de la vida eterna. Justamente por ello, Isaías 55 continúa diciendo, «y haré con vosotros pacto eterno, las misericordias firmes a David.» ¿Qué quiere decir «misericordias firmes a David»? Evoca a la fe del rey David, lo que él esperaba que le fue prometido, y en cuyo contexto se encuentra la era de paz venidera.

El verso 4 agrega, «He aquí que yo lo di por testigo a los pueblos, por jefe y por maestro a las naciones.» ¿Habla de David? Claramente no. Es una alusión al Mesías, sosteniendo que será «testigo a los pueblos», mas, ¿testigo de qué? ¿De qué da testimonio? ¿Qué tiene que contarles a los pueblos que él haya experimentado, oído o presenciado? Agrega que Dios le habrá puesto como «jefe» y «maestro» de los gentiles (la palabra hebrea 'Goim' se traduce como gentes, gentiles o naciones, abarcando a todos aquellos que no son del pueblo de Israel). Y, ¿qué papel juega el Mesías como un "maestro" para las naciones? ¿Hará de rabino trayendo proselitismo al judaísmo? No es eso lo que dice, sino que él será puesto sobre los gentiles, según parece, en pro de sus propias enseñanzas y testimonio. ¿De qué tendrá él que testificar a los gentiles? El verso 5 nos dice: «He aquí, llamarás a gente que no conociste, y gentes que no te conocieron correrán a ti, por causa de Iaheveh tu dios, y del Santo de Israel que te ha honrado.» ¿Por qué y para qué llamaría a gente que no conoció? Y, ¿cómo es que ellos «correrán a» él? ¿Por qué acudirán a él? La idea de "correr" hacia él, en vez de "caminar" – por ejemplo – caracteriza esta acción como algo desesperado o ansioso. La razón, según explica el texto, es porque Iaheveh le habrá «honrado». ¿Y de qué manera le honra, al grado de hacer que la gente corra a él?

El verso 6 de Isaías 55 incluye más datos: «Buscad a Iaheveh mientras puede ser hallado, llamadle en tanto que está cercano. Deje el impío su camino, y el hombre inicuo sus pensamientos, y vuélvase a Iaheveh, el cual tendrá de él misericordia, y al Dios nuestro, el cual será amplio en perdonar.» Esto se entiende que es sobre el objetivo de salvación, guía espiritual y redención que proveerá el Mesías, y donde él representará directamente a Iaheveh. Él sería dado como 'testigo a los pueblos', además de 'jefe' y 'maestro' asimismo para los pueblos. ¿Testigo de qué? ¿Maestro de qué? Jeremías 33:1 nos da otra referencia a esto de forma oculta en la frase «ordena-establece Iahu (Dios) [por] segunda [vez] y él nos es [por] testigo», letras que de forma acrónima organizan directamente el vocablo 'Ieshua' (salvación). El Mesías es un salvador del alma de los hombres, y uno de sus métodos para llevar a la liberación del hombre es a través de enseñanzas que produzcan en la persona un cambio de conciencia y de actitud.

¿El Mesías primero debía venir a enseñar esas buenas noticias de redención y salvación? De ser así, Yeshua ha.Notzri se tomó muy en serio conocer la Tanak y ocuparse de dicha tarea, ya que justamente sus enseñanzas tienen esa finalidad, y su mensaje es conocido en griego como 'Ev-angelion' (buenas noticias, buenas nuevas). Él mismo decía a sus seguidores directos: «La paz os dejo, mi paz os doy...» (Juan 14:27, R60) ¿Cómo contradecir estos hechos para tratar de mostrar que Jesucristo pudo haber sido un gran profeta, pero no el Mesías ben David? El Mesías viene a librarnos de la atadura del pecado, no de lo mortal, viene a que tengamos perdón de los pecados y seamos libres de la atadura de la muerte y el sufrimiento que produce el pecado. La propia composición de 'Ieshua haMashiaj' (salvación del Ungido) es numéricamente 749, que es lo mismo que la palabra 'Tashmat' (perdonarás), de Deut. 15:3, y la misma que 'va.shlajatah' (lo dejará libre, lo liberará), de Deut. 21:14. Si el reino de Israel abarca proféticamente la extensión del actual Israel - además del Sinaí, Egipto, Siria y parte de Irak - ¿cómo es que se dice que además de esta extensión su reino será en toda la Tierra? ¿Será rey de Israel – la extensión territorial fijada en tiempos de Salomón – o de todo el planeta? ¿Regirá a las naciones o les predicará la paz? Es precisamente el título de 'pacífico' el que principalmente identifica al Mesías, y el que mayormente representa la idea de este rey.

Un predicador de paz que además se entregaría al servicio de los necesitados: «Todos los reyes se postrarán delante de él; Todas las naciones le servirán. Porque él librará al menesteroso que clamare, Y al afligido que no tuviere quien le socorra. Tendrá misericordia del pobre (humilde) y del menesteroso, Y salvará la vida de los pobres. De engaño y de violencia redimirá sus almas, Y la sangre de ellos será preciosa ante sus ojos. Vivirá, y se le dará del oro de Sabá, Y se orará por él continuamente; Todo el día se le bendecirá.» (Salmo 72:11-15, R60) Igualmente hallamos de boca de Isaías: «Ruaj Adonai Iaheveh está sobre mí, porque me ungió Iaheveh; me ha enviado a predicar buenas nuevas a los abatidos, a vendar a los quebrantados de corazón, a publicar libertad a los cautivos, y a los presos apertura de la cárcel; a proclamar el año de la buena voluntad de Iaheveh [...] a consolar a todos los enlutados; a ordenar que a los afligidos de Tzion se les dé gloria en lugar de ceniza, óleo de gozo en lugar de luto, manto de alegría en lugar del espíritu angustiado...» (Cap. 61:1-3, R60)

El Enviado es dadivoso, sacrificado a los humildes y consagrado a los menesterosos y afligidos: «Porque no menospreció ni abominó la aflicción del afligido, Ni de él escondió su rostro; Sino que cuando clamó a él, le oyó. De ti será mi alabanza en la gran congregación; Mis votos pagaré delante de los que le temen. Comerán los humildes, y serán saciados; Alabarán a Iaheveh los que le buscan; Vivirá vuestro corazón para siempre.» (Salm. 22:24-26, R60) Ese mismo maestro de amor y ser altruista levantaría una congregación, y al sostener que la "levanta" o la "erige" quiere decir que es algo distinto a la ya existente en Israel, lo cual implica que sería una asamblea (en griego 'ekklesia' (trascrito como "iglesia")) nueva, ese «pueblo no nacido aún» (al decir "pueblo", es que está indicando que se trata de algo ajeno a los hebreos). Eso explicaría el final del capítulo, que afirma: «La posteridad le servirá; Esto será contado de Iaheveh hasta la postrera generación. Vendrán, y anunciarán su justicia; A pueblo no nacido aún, anunciarán que él hizo esto.» (Vers. 30-31, R60)

¿«La posteridad le servirá»? ¿Serán los últimos, no los primeros los que le servirán al Mesías? ¿Qué quiere decir eso? ¿Acaso al principio al Mesías no le servirán, sino que serán los que vengan de la última generación? Esto supone que la primera generación no creerá en él, sino aquella "última" o que vendrá al final de los tiempos. Tal es así que por voluntad de Iaheveh esto se contará hasta ese último tiempo, recordando que la generación primera del pueblo de Israel de cuando vino el Elegido – y hasta las siguientes – no le servirán, sino cuando sea el har-Magedón, o sea, en una segunda venida, cuando entonces le servirán. En consecuencia, el Mesías no será creído ni obedecido por su pueblo cuando se manifieste, sino al llegar la ira de Dios: en esa generación.

EL DESEADO

¿Quién es el Amado? Los profetas hebreos hablaron de la venida del 'Jamedet' (amado, deseado), y anunciaron que llegaría en el final de los tiempos, en un contexto de crisis económica: «Porque así dice Iaheveh Tzabaot: De aquí a poco yo haré temblar los cielos y la tierra, el mar y la tierra seca; y haré temblar a todas las naciones, y vendrá el Deseado de todas las naciones; y llenaré de gloria esta casa, ha dicho Iaheveh de los ejércitos. Mía es la plata, y mío es el oro, dice Iaheveh Tzabaot.» (Ageo 2:6-8, R60) ¿Éste será el libertador que esperan los hebreos? Para ellos es fundamental que aparezca el Elegido, Shilo (el pacífico) o Shiloh (el enviado), quien reuniría otra vez a las 12 tribus de Israel y levantaría Israel a su antigua gloria y les hará prosperar como nunca y ser la nación soberana del mundo. Pero, ¿alguien amado o deseado? Y no por Israel sino «de todas las naciones»... estas son palabras mayores, ya que no dice que le admirarán, le querrán o le apreciarán, sino que es alguien "deseado" o "amado". ¿Qué hace él que consigue que le amen, le anhelen o le deseen? Podría suponerse que aparecería en un momento delicado, un periodo de crisis drástica y la gente anhelará un salvador que les libre de este mal, y al ver que él cumple con estas expectativas le amarán.

Los cristianos dirían que se trata de Yeshua ha.Notzri y de cómo millones esperan su venida y le aman por la relación personal que han forjado en su interior con él a través del Espíritu Santo, pero, ¿será así? El Jamedet esconde más enigmas, ya que el vocablo estructura los términos 'Jam' (calor) y 'Dat' (conocimiento), así como 'Jet' (relativo a la 'vivir') y 'Dam' (sangre), o 'Jad' (relativo a 'gloria') y 'Met' (muerte). Si analizamos estos breves ejemplos, el epíteto de Jamedet que vemos que es relativo al Mesías, nos habla sobre alguien que tiene y/o provee conocimiento en un sentido de despertar de la conciencia, alguien que parece derramar sangre – posiblemente suya - y vivir, y alguien que se gloría sobre la muerte. ¿Qué sería eso de "gloriarse sobre la muerte"? No se trata de burlarse de la misma, sino de vencerla. En Daniel 9:25 encontramos codificado al 'Jamedet' dos veces (ya de por sí es poco probable que se vea esto, y hallarlo dos veces en un mismo verso es una confirmación del sujeto). El primer resultado corresponde con 'Jamedet' está en la frase «ve.lebanot irushalem ad-mashij» (y las mujeres de Jerusalem al Ungido), y la segunda es con 'ha.Jadem' (el deseado) en «mashij nagid shbaim shbah» (mesías príncipe siete juramentos).

Esto parece sugerir que el Mesías anunciado por el profeta Daniel es el Deseado del que habló el profeta Jagai (Ageo, Hageo) en el siglo VIII a. e. c., aunque no dijo nada de un rey, un profeta o un libertador, sino de alguien que es «amado por todas las naciones» (Ag. 2:8). Si el Mesías debe libertar a los israelitas de sus enemigos y por la guerra vencer a las naciones, ¿cómo es que las naciones le aman y le desean? Es más, si se entiende 'Jamedet' como 'deseado' o 'codiciado', la idea cobra más fuerza, ya que engloba a una figura a quien los gentiles "desean" (deseado de todos los gentiles, dice, no de los judíos). Aparte de todo esto, Daniel 9:25 precisamente es uno de los pasajes que directamente hablan del Mesías, de su misión, de su muerte y se su "ausencia", que se entiende como una circunstancia en la que es "llevado". Es curioso acotar que el título de 'Jamedet' aparece encriptado en el Génesis, el capítulo 11:27, donde se lee, «Teraj engendró a Abram», lo cual puede dar a entender claramente que el Jamedet (amado, deseado, hermoso) viene del linaje de Abraham, y en un sentido más explícito, entra en la promesa de este patriarca hebreo. Y hablando de Abraham es también relevante agregar que el patriarca una vez envió a Eliezer, jefe de sus sirvientes, a buscar a una mujer que no fuera cananea para que se casase con su hijo Isaac, y se topó con Ribka (Rebeca) en un pozo del cual ella sacaba agua.

Sabemos que el Espíritu Santo utiliza las analogías para transmitir mensajes más profundos, pero, o guió a Yeshua ha.Notzri, o sus seguidores, más que meros galileos incultos, eran unos grandes eruditos que supieron manipular las Escrituras. Vemos en los relatos de los evangelios que, igual que en la historia con Rebeca, Yeshua se topa con una mujer ante un pozo y hablan sobre Iakob (Jacob, hijo de Itzjak (Isaac) y Rebeca) y Abraham, donde Yeshua le dice que él representa el agua viva: «Jesús le dijo: Dame de beber [...] La mujer samaritana le dijo:—¿Cómo tú, siendo judío, me pides a mí de beber, que soy mujer samaritana?—porque judíos y samaritanos no se tratan entre sí—. Respondió Jesús y le dijo:—Si conocieras el don de Dios, y quién es el que te dice: "Dame de beber", tú le pedirías, y él te daría agua viva. La mujer le dijo:—Señor, no tienes con qué sacarla, y el pozo es hondo. ¿De dónde, pues, tienes el agua viva? ¿Acaso eres tú mayor que nuestro padre Jacob, que nos dio este pozo, del cual bebieron él, sus hijos y sus ganados? Jesús le contestó:—Cualquiera que beba de esta agua volverá a tener sed; pero el que beba del agua que yo le daré no tendrá sed jamás, sino que el agua que yo le daré será en él una fuente de agua que salte para vida eterna.» (Juan 4:7-14)

¿Qué tanta caso con el agua? ¿Retórica, demagogia, filosofía? Los investigadores de historia religiosa conocemos el resto del diálogo, y coincide con el relato miles de años anterior, donde Eliazar se encuentra con Ribka. En ese relato (Gén. 24:45) encontramos precisamente codificado el vocablo 'Ieshua' (que significa "salvación", y es el nombre que Mariam dio a Yeshua mi.Natzeret), en la frase «Ribka sacaba y cargaba sobre su hombro». En el mismo relato aparecen el nombre 'Roma' (vers. 37 y 46) y 'Shiloah' (vers. 42-44). ¿Puede estar esto sugiriendo que Shiloah apareció durante el mandato romano sobre Judeah? Asimismo, en los versos 24 al 29 se hallan - de 7 a 25 letras de separación - los nombres 'Roma', 'Jamedet' y 'Shiló', y hay que considerar que el nombre de Roma aparece muchas veces en los códigos de la Torah, y su énfasis estriba en las apariciones en parámetros donde también se habla del Mesías, ya que podría estarnos dando a entender que su venida ya fue, y ocurrió durante el poder imperial romano. Pero hay mucho qué decir, ya que habíamos dicho que muchas referencias sobre Mashiaj ben Iosef pudieron identificar a una figura pública del siglo I d. e. c.

Ergo, también en la historia de Abraham encontramos más referencias a 'Ieshua', como por ejemplo en Génesis 18:8-19, donde ángeles aparecen al patriarca antes de ir a Sodoma y Gomorra, y le anuncian que su esposa, Sara, tendría un hijo. Entre esos pasajes aparece el título de 'Jamedet' – con 8 letras de separación una de otra -, 'ha.Mashiaj' – con 5 letras equidistantes – y el nombre 'Ieshua' – con 28, que abarcan los versos 16 al 19 -. Asimismo, en Génesis 22:9 encontramos el título 'Jamedet', y en el verso 15 en nombre 'Ieshua' en códigos de la Torah, con 5 a 10 letras de separación, y estos pasajes precisamente hablan del sacrificio que iba a realizar Abraham y la intervención del ángel. La manifestación directa de Iaheveh con sus ángeles y el anuncio de su hijo, y la prueba de fe de Abraham con él ante el altar, y en ambos un nombre: 'Ieshua' (Jesús). ¿Podemos considerar que Yeshua ha.Notzri hubiese sido el Mesías ben Iosef? Y de ser así, ¿aclara esto la identidad del Mesías ben David?

Como sinónimo de 'Jamedet', también se usa la forma 'Daudei' (amado, amor, al que se ama, tío), que basta ver cuán grande vínculo tiene con la propia idea del ben Daud. El nombre 'David' significa – o quiere decir - "el amado y querido" o "el elegido de Dios". Por extensión, es de suponer, lógicamente, que el Jamedet es analogía del Daudei, y por consiguiente, alusión directa a la monarquía davídica.

Ahora bien, considerando esto hemos de remontarnos al Cantar de los Cantares, donde Salomón afirma, «Yo soy de mi amado, y mi amado es mío» (cap. 6:3, RVA), frase usada para los novios, pero que podría indicar también una estrecha e íntima relación entre el Señor Iaheveh y su Elegido, un amor profundo entre ellos, más grande que el amor habitual y natural de un padre y un hijo. La cita agrega, «me pastorea entre lirios», cuyo simbolismo puede considerarse tanto una idea de romance en una pareja, como relativa a ser guiado en un ambiente hermoso y/o acondicionado. Esto se puede compaginar con el capítulo 7:10 (el 11 en la Tanaj), donde afirma, «Yo soy de/ para mi amado, y en mí está su atención.»

SERÍA CONSAGRADO

Isaías 11:1 habla de un "vástago" que retoñará de las raíces del árbol de Isaí, es decir, de la ascendencia davídica, pero el vocablo que se entiende por "vástago" es el hebreo 'Natzar', que quiere decir primeramente guardar o vigilar. La fonética semítica es muy importante, ya que definiciones similares que varían en una letra unas de otras, tienen una mayor asociación si las letras en que difieren, a pesar de ser diferentes, tienen el mismo sonido o uno semejante. Eso ocurre con las palabras 'Natzar' (guardar, proteger, vástago, renuevo, observar, cumplir) y 'Nazar' (abstenerse de algo, ayunar, consagrarse, dedicarse a algo, apartado, voto de nazareato). ¿Por qué hago esta acotación? Porque Números 6 nos habla del voto de nazareato (Nazerí) o consagración espiritual, donde la persona que lo realiza se abstiene y aleja del mundo – por así decirlo – para dedicarse expresamente a una vida santa. Eso quiere decir que podría haber algún tipo de asociación entre aquel vástago y su dedicación a un sacerdocio o vida espiritual. Lo más significativo es que el Targum tradujo Natzar como 'Mashij' (Ungido) y la Septuaginta como 'Anthos' (flor), siendo Natzar el vocablo que da nombre a la ciudad de Nazaret (Natzeret), es decir, el lugar del retoño o de donde es el vástago. ¿Sería que Mariam, la madre de Yeshua "de Nazaret", y su padrastro 'Iosef' (José) se fueron a vivir a esta ciudad para que su hijo fuese conocido como 'el nazareno', y así encajar con las palabras del profeta Isaías?

Los relatos cristianos dicen que Ordos (Herodes) buscaba la muerte de Yeshua porque temía que le quistase su lugar de rey, y que un ángel avisó a Iosef para que se fuesen a Egipto hasta que Ordos murió, «Pero después de muerto Herodes, he aquí un ángel del Señor apareció en sueños a José en Egipto, diciendo: Levántate, toma al niño y a su madre, y vete a tierra de Israel, porque han muerto los que procuraban la muerte del niño. Entonces él se levantó, y tomó al niño y a su madre, y vino a tierra de Israel. Pero oyendo que Arquelao reinaba en Judea en lugar de Herodes su padre, tuvo temor de ir allá; pero avisado por revelación en sueños, se fue a la región de Galilea, y vino y habitó en la ciudad que se llama Nazaret, para que se cumpliese lo que fue dicho por los profetas, que habría de ser llamado nazareno.» (Mat. 2:19-23, R60) ¿Sería que los padres de Yeshua forzaban las situaciones para que la gente creyese que su hijo era el Elegido?

Va.Ikra (Levítico) 23:40 nos dice que en la fiesta de Sukot (de los Tabernáculos, o de las Cabañas) se estaría 7 días, y se conmemoraría la recogida de los frutos; precisamente en la frase que nos habla de «la primicia del fruto del árbol honroso», se encripta el nombre 'Natzeret' (Nazaret). Irónicamente, cuando nos vamos a Levítico 6:8, que nos habla del nazareno, aparece en bacrónimos 'Shiló'. Como he dicho, aunque Nazrei y Natzrei se escriben con diferente letra intermedia (en una, nazareno, está la 'Zain', y en Nazaret está la 'Tzade'), la raíz fonética y representativa es la misma. El papel de Nazaret es fundamental, ya que gran cantidad de códigos donde se habla de Canaán (la tierra prometida), incorpora el nombre bacrónimo de Natzeret, como el caso de Números 34:17, que incluso dice explícitamente que la tierra sería heredada de manos del sacerdote Eleazar y de Josué, el hijo de Nun. Otro caso interesante es cuando vuelve a aparecer Nazaret en Deuteronomio 1:36, hablando de la tierra que Dios les dará, refiriéndose a "aquel" que ya la había pisado, y aunque habla de Caleb, se entiende que se trata de aquel que «siguió a Iaheveh con integridad». Y no puedo dejar de comentar que también cuando a Moisés le muestran de lejos la tierra de heredad, pero le dicen que él no entraría, asimismo se encripta el epíteto 'natzarí' (Deut. 32:52), o sea, nazareno.

Otros datos sobre el Nazareno, también ocultos den la Tanak (Antiguo Testamento), se hallan, por ejemplo, en los Ketubim (Escritos), especialmente en el libro de Tehilim (Salmos), donde una posible alusión a uno de los momentos en que Iaheveh se manifestaría para Israel, refiere que «hicieron lamentación y despertó Adonai como si hubiese estado durmiendo, como un valiente (guerrero)» (78:65); ahí aparece referido 'el Nazareno'. Es curioso que eso de la lamentación se asemeje a otra profecía que habla del sufrimiento de Belén por niños que serían muertos, como la masacrare perpetuada por órdenes de Ordos (Herodes). Pero hay un verso muy llamativo que se encuentra en el libro de Ba.Midbar (Números), que nos vuelve a hablar del cordero, que debe ser 'sin mancha' y que ofrecerá el que desea hacer voto de 'nazareato' (o sea, 'consagración'), y en donde el título 'Jamedet' hace aparición con 10 letras de separación, y es el capítulo 6:14. Una vez más, y con un énfasis mayor, 'ha.Notzri' aparece en Números 14:7 – abarcando todo el contexto con 26 letras (que es el número de Iaheveh) -, al hablarles de la tierra prometida, que es imagen del paraíso venidero: «y hablaron a toda la congregación de los hijos de Israel, diciendo: La tierra por donde pasamos para reconocerla, es tierra en gran manera buena.»

Sobre la misma relación de la tierra prometida y Nazaret y ha.Notzri (el nazareno) tenemos a Josué 1:2, donde la frase «a la tierra que yo doy» lo registra, justamente hablando de cruzar el 'Iarden'. ¿Qué es el 'Iarden'? Es un vocablo hebreo que se ha transcrito como 'Jordán', y es el que da lugar a la palabra castellana 'jardín', y su equivalente anglosajona, 'garden'. ¿Dónde bautizaba Juan el "bautista"? ¿Dónde se bautizó Yeshua? El Iarden (Jordán) simboliza el paso del "más allá", pues por él también cruzó Israel para repartirse la tierra de Canaán, y de él profetizó Isaías (cap. 9) al anunciar que de Galil (Galilea) al Iarden vendría "la luz" a los que moraban en oscuridad. Isaías nos dice que la que está en oscuridad no siempre estará así, y que el testimonio vendrá primero por el llamado en la tierra de Zabulón y Neftalí, que es la región de Galilea, y especifica que se refiere a un territorio de "gentiles". El verso 3 agrega que «Multiplicaste la gente», ¿qué gente? Si se refiriese a Israel habría dicho 'Israel', pero además nos está hablando de una ciudad supuesta de la naciones, Galilea. Pero si esto nos habla del Mesías viniendo a traer luz, deja patente que él está haciendo esto apropósito para tomar un componente gentil y un componente hebreo (la región de las tribus de Zabulón y Neftalí). El Mesías no estaría haciendo acepción de personas a la hora de manifestarse ni de llevar la luz que le acompaña.

A pesar de lo curioso de estos versos, lo más importante de este capítulo es el verso 2 – entre las palabras sobre galilea y la multiplicación de pueblo – donde nos dice «El pueblo que andaba en tinieblas vio gran luz; los que moraban en tierra de sombra de muerte, luz resplandeció sobre ellos.» Los cristianos interpretan esto como una literalidad, refiriéndose a la visita de Yeshua nazareno a estas tierras para predicarles las nuevas sobre el reino de Dios, pero en hebreo, eso de "tierra de sombra de muerte" tiene una connotación mucho más profunda: el Hades. Así como refirió el rey David en los salmos, y Salomón en las odas, "uno" bajó al inframundo y liberó a muchos que estaban atados allá abajo. La idea de "sombra de muerte" no se refiere a estar al borde de morir, sino a una región sombría del más allá, es decir, del mundo de los muertos. Si estos pasajes realmente se refieren al Mesías, nos están diciendo que el Enviado ha de bajar al inframundo a llevar luz a las almas aprisionadas por las fauces de la muerte. Pero antes de profundizar en esta temática, quisiera reanudar el estudio sobre la relación el Ungido con la tierra de Nazaret. El libertador Ihosha (Josué) - imagen del profeta que Dios enviaría, y cuyo nombre significa 'Iah salva' – (cap. 2:11-12) nos habla de algo importante en la frase que dice, «la Tierra, abajo, pues os doy juramento», teniendo en notaricón las letras de 'ha.Natzrí' (el nazareno), y asimismo Josué encripta en el capítulo 6:7 el identificativo 'ha.Natzri' en la frase clave, «equipados pasen delante del arca de Iaheveh».

En el capítulo 7:6 la idea del profeta reflejada en aquel a quien Josué representaba es directa, viéndose en la frase «Ihosha, su vestido, y cayó delante», conteniendo cada letra inicial en perfecto orden el nombre 'Ieshua'. Esta historia nos cuenta del pecado de Israel por el cual Josué se indignó y avergonzó, responsabilizándose por su pueblo. Otra aparición del nombre 'Natzeret' se halla en Zacarías 5:11, en la frase que habla de establecer un punto de referencia o habitáculo, «casa en tierra de Sinar y preparada», en las letras bacrónimas, mientras en las acrónimas se forma 'ba.shub', que quiere decir, «a través del arrepentimiento» o «en el regreso.» Curiosamente el nombre Sinar (Sumer), se forma de los sonidos semíticos 'Shin' (diente, pináculo) y 'Er' (despierto), que pueden referirse a un sitio elevado de concienciación o un lugar de despertar espiritual. Precisamente, Nazaret está en la zona norte de Israel, e igualmente en Zacarías (cap. 6:8-9) nos dice que el espíritu de Iaheveh reposaría en esa zona; y ahí hay otro código que encripta 'ha.Notzri', en la frase, «en la tierra del norte me fue dada palabra de Iaheveh». No es extraño encontrar similitudes entre Ihosha/Ihoshuah y el Mesías, ya que el famoso y respetado rabino Yitzhak Kaduri (1902-2006) dijo haber tenido una revelación en el año 2003, en la cual se le dio a conocer la identidad del Mesías, y, experto claramente en Cábala, encriptó el nombre en las iniciales de una nota que expresamente pidió que solo se leyese tras su muerte. En la misma, los acrónimos del diálogo tenían en orden las letras hebreas

Yud, He, Shin, Vav y Ain, que forman el nombre 'Iehoshua', la forma antigua del nombre hebreo-arameo Ieshua.

EL PROFETA HERMANO

« Anunciaré tu nombre a mis hermanos; En medio de la congregación te alabaré.» (Salm. 22:22, R60) Dado que existen varias personalidades que juegan un papel importante en la visión escatológica mesiánica, debemos descartar, o fusionar – dependiendo del caso, y si se trata de eso –, las identidades de los proponentes a Mesías. En su caso está el sucesor del profeta del judaísmo: Moisés. Antes de su muerte, el líder levita Moisés dijo al pueblo de Israel (cerca del 1450 a. e. c.): «Profeta de en medio de vuestros hermanos, como yo, os levantará Iaheveh vuestro dios, a él oiréis.» (Deut. 18:15, la Torah) ¿Os levantará? La palabra 'levantar' es eufemismo para referirse a "resucitar". ¿El profeta esperado resucitaría como testimonio para ellos, y en medio de ellos? Bien, en ese momento el representante que muchos pudieron ver fue a Ihoshah (Josué), que como dije, significa 'Iah salva' (Iah es abreviación de Iaheveh (Jehovah, Yavé)). Si bien, Ihosha no fue su nombre de nacimiento, sino 'Husha' (Oseas), es decir, agregó la letra hebrea 'Iud' al inicio de su nombre, ya que este carácter identifica al dios del cielo. En hebreo, el nombre de Josué es Ihusha o Ihoshah, aunque otras veces lo escriben como Ihoshea, que en griego los sabios traductores de la Septuaginta trascribieron como 'Ihsous' (usualmente transcrito al castellano no solo como 'Josué' sino como 'Jesús'). Josué fue imagen de quien había de venir, ya que la labor de Josué fue breve y limitada, al lado de lo que se esperaba del 'Nebiá'

venidero. El siguiente profeta despés de Moisés fue Samuel el vidente, aproximadamente 350 años más tarde, pero solo fue el primero de una serie de profetas que empezaron a aparecer.

Después de Samuel vino Natán (circa 975-960 a. e. c.), cuando aún el reino de Israel estaba unido – aunque se suele aceptar que los primeros reyes (Saúl, David y Salomón), en algún momento, tuvieron don de profecía -, luego vinieron los que habían de emerger al dividirse Israel en dos reinos, empezando por Elías, Eliseo, Amós y Oseas (con el reino del norte y la llegada del imperio asirio) y luego Isaías y los que tras él vinieron, en la antesala y durante el poder babilonio. Así que, ¿cómo que habría un profeta sucesor de Moisés, si fácilmente hubo más de veinte profetas hasta Malaquías (450-400 a. e. c.)? ¿En qué destacaría la misión de este profeta particular? Pues se entiende que debería ser un roll semejante al de Moisés. El dilema es que Moisés jugó un papel decisivo al ser usado por Dios para mostrar su poder ante el imperio de aquel entonces (Egipto), obrar maravillas ahí y en el Sinaí, darles a los hebreos leyes y preceptos, estableció liturgias religiosas, jueces, comandantes de guerra y todo lo que en sí representó la identidad del pueblo de Israel. ¿Quiere esto decir que aquel que vendrá a reemplazarle hará algo semejante? ¿Habrá una especie de "nuevo Moisés" que traerá nuevas leyes, dirigirá a una nueva herencia, establecerá nuevas pautas religiosas y cosas así? ¿Eso lo entendieron mucho después los eruditos?

Los textos cristianos nos dicen que al ver bautizar al levita Juan, hijo de Zacarías, le preguntaron si él era el profeta que había de venir: «¿Pues quién eres? para que demos respuesta a los que nos enviaron. ¿Qué dices de ti mismo? Dijo: Yo soy la voz de uno que clama en el desierto: Enderezad el camino del Señor, como dijo el profeta Isaías. Y los que habían sido enviados eran de los fariseos. Y le preguntaron, y le dijeron: ¿Por qué, pues, bautizas, si tú no eres el Cristo, ni Elías, ni el profeta?» (Evangelio de Juan 1:22-25, Nuevo Testamento, Traducción de Reina Valera 1960) El historiador judío

Tito Flavio Josefo nos confirma de la existencia de este profeta del siglo I d. e. c., llamado Juan hijo de Zacarías, como también lo hizo el Corán, al referir: «Entonces, Zacarías invocó a su Señor diciendo: «¡Señor! ¡Regálame, de Ti, una descendencia buena! Tú escuchas a quien Te invoca». Los ángeles le llamaron cuando, de pie, oraba en el Templo: «Alá te anuncia la buena nueva de Juan, en confirmación de una Palabra que procede de Alá, y que será jefe, abstinente, profeta, de los justos». (Quran 3:38-39) Si esto es correcto, los 480 años desde Malaquías hasta la hora del Elegido habrían llegado con este nuevo profeta. Sin embargo, aunque Iojanan ha.Metabel (Juan el bautista) era estimado como profeta, y decía que él preparaba el camino para el Mesías, él mismo no dijo que fuese el profeta esperado. Eso querría decir, además, que el profeta no preparaba la venida del Mesías. Pero, ¿y si el Mesías mismo era el profeta? ¿Sería eso plausible?

Si el profeta anunciado por Mashah (Moisés) sería «de entre sus hermanos», podemos encontrar otra coincidencia (o correspondencia) con 'Mashiaj (Mesías) y el profeta anunciado en Gén. 43:7, en las palabras «vive, hay con vosotros hermano», al referirse al predilecto de Iakob (Jacob) tras la supuesta muerte de José, es decir, Benjamín. El predilecto del padre estaba aparentemente muerto, pero el padre después le vio vivo; el último en venir (primero José y luego Benjamín) era el amado del padre. Tomaron esto los cristianos para narrar una semejanza con Yeshua ha.Notzri?: «Y Jesús, después que fue bautizado, subió luego del agua; y he aquí los cielos le fueron abiertos, y vio al Espíritu de Dios que descendía como paloma, y venía sobre él. Y hubo una voz de los cielos, que decía: Éste es mi Hijo amado, en quien tengo complacencia.» (Mat. 3:16-17, R60) En el capítulo 44:20 de Génesis, el mismo diálogo sobre el "padre" y el "hijo menor" encriptan en lengua hebrea el término 'Shiló', y en el 45:1, José se revela a sus hermanos, y también ahí se codifica 'Shiló'. De manera que el Enviado se manifestaría a sus hermanos que le habían traicionado y entregado. Este profeta hablaría a Israel, aunque no querrán oírle al principio, y así aparece una y otra vez, como en el caso codificado en Amós 7:15-16, donde la frase «mi pueblo Israel, ahora pues, oye», oculta el vocablo 'Ieshua' (salvación). Podría ser una coincidencia pero en Esdras 5:2 aparece encriptado el título de 'Ben Daud' (hijo de David) en la frase que dice, «en Jerusalem, y con ellos, profeta», refiriéndose, precisamente, al trabajo de Zerbabel (Zorobabel) y Ieshua (Jesúa, Jesús) en reconstruir la "casa de Dios".

¿Josué representa a Shiló? ¿El profeta es ben David? ¿Todos estos identifican al "salvador"? Vemos otro ejemplo respecto del pozo en Génesis 26:25, cuando se habla del altar que Itzjak (Isaac) erige a Iaheveh, y en la frase, «y excavaron allí los siervos de Itzjak», aparece codificado, una vez más en notaricón, la palabra 'Ieshua'. Este tipo de similitudes tan claves para el misticismo judío, se repiten una y otra vez, como cuando Noé sacó la paloma para cerciorarse de si ya había tierra firme tras el diluvio, y la paloma – símbolo de paz y del reino de los cielos – también aparece en los evangelios, descendiendo sobre Yeshua en el bautizo. Justamente en Génesis 8:12, al decir que la paloma fue enviada y "no volvió más", aparece codificado el nombre Ieshua. ¿Qué trato de decir con todo esto? Que si el profeta se identifica como una figura que se alzaría entre sus congéneres, debemos mirar lo relativo a la "hermandad" dentro de los simbolismos. Otro ejemplo de Génesis sobre esto se encuentra en el capítulo 25:26, al hablar de los hijos del patriarca Isaac, diciendo «Esav, y llamó su nombre Iakob», donde se encripta la palabra "salvación". Además de esto se puede formar "ba Ieshua shub" (en Ieshua regresan), posible alusión a la reestructuración un día de las 12 tribus de Israel por medio suyo.

Los nombres son además una alusión a la identidad y misión de alguien, y de ahí que además de recibir ciertos nombres las personas, también fuesen dados a lugares, como el caso de Iakob (Jacob) cuando nombró al lugar donde le fue hablado, 'Bet-el' (casa de Dios). En ese verso (15) está incorporado el título de 'Jamedet' con 23 letras equidistantes, y asimismo, entre el 14 y el 15, aparece en notaricón el nombre 'Ieshua' en las palabras «alaih shemen ve.ikra iakob» (elevar-encima aceite y llamar Jacob). La interpretación de este código parece identificar Bet-El como manifestación de Dios al patriarca Israel (que es el nombre que Iakob recibió a partir de ese momento), ya que ahí "vio a Dios". Es decir, Israel vio a Dios a través del "ungido" (Mashiaj = Mesías), cuyo nombre encriptado es 'Ieshua'. Con esto se puede suponer que el profeta esperado será un salvador, que una persona llamada Ieshua será el profeta, y/o las dos cosas al mismo tiempo. ¿Y qué pasaría si efectivamente Yeshua ha.Notzri fuese el profeta esperado? Se refutaría al argumentar que no cumplió su aparente objetivo, ya que han transcurrido al menos 2.000 años y su aparición no ha representado nada significativo en la nación de Israel, solo entre los gentiles.

Supongamos, como quiero dar a entender, que la identidad del Nebiá esperado se esconde en la idea de la primogenitura hebrea (ya que también esto destacó entre los hermanos levitas Aarón, Mariam y Moisés), porque no haría entender porqué es el segundo quien adquiere la primogenitura. Si hablamos de "primogenitura" hemos también de hablar de "hijos". La Tanak recoge que Dios afirmó que Israel es «su hijo», pero las Escrituras resaltan que los vástagos de los hombres de renombre no fueron hijos únicos, y, por el contrario, pugnaban con su segundo hermano por la primogenitura. Hosha (Oseas) capítulo 11 afirma, «de Egipto llamé a mi hijo», pero, ¿se refería a Israel? ¿Los sacó o los llamó? Para empezar, la primera vez que se habla de Matzrimah (o 'Mitzraim', que es el nombre hebreo de Egipto) es en Génesis 12:10, cuando nos narran que Abram y Sara fueron a dicho país tras una hambruna en aquel entonces, y los versos 10 al 12 contienen los títulos de 'Ha.Notzri' y 'Mashiaj' con 19 y 20 letras de separación, respectivamente. Cuando uno lee a simple vista Oseas 11:1, pareciese que efectivamente habla de Israel, pero, ¿podría esa frase ocultar un mensaje secreto sobre el Elegido? Israel es considerado el 'hijo de Dios' según la Tanak, pero una y otra vez la historia hebrea nos muestra a dos hermanos pugnando por la primogenitura, desde Caín y Abel a Salomón y Absalón, pasando por Sem y Cam, Ismael e Itzjak (Isaac), Esaú y Iakob (Jacob), Rubén y Judah, y hasta en herederos como Roboam y Jeroboam. ¿Podrían el Mesías e Israel considerarse como "dos hijos" de Dios? Parecería un tanto incoherente, pero, ¿y si no lo fuese?

Literalmente esto es lo que nos dicen varios pasajes bíblicos, como 1ª Crón. 22:10, al decir sobre el ben David, «Él será para mí, hijo; y yo seré para él, padre.» Entonces sí cabe la posibilidad de que nos encontremos con simbolismos indiscutibles que nos transportan a una herencia de dos hermanos, como refieren incluso algunos manuscritos gnósticos egipcios. Este paralelismo puede existir respecto de Israel, que siendo el primero en aparecer, no es el primogénito espiritualmente. Eso ocurriría con el Mesías, que aunque viene después de Israel, es anterior a Israel, tal como dice el profeta, «sus salidas son desde el principio, de los inicios de la eternidad.» (Miq. 5:2) Dicha conjetura se puede argumentar también con Gén. 38:28, cuando Tamar dio hijos a Judah (Fares y Zara), siendo ella previamente esposa de los hijos de Judah: Er y Onán. En consecuencia, aunque Er fue el primogénito de Judah, ni él ni Onán tuvieron linaje de Judah, por lo que el primer linaje de Judah vino de su propia nuera. En el verso 28 de este relato, donde se habla sobre el que sale primero y el que sale después, aparece el nombre Ieshua, como otro agregado al dilema de la primogenitura (y ha de recordarse que Shiloh tiene relación con Judah, y el Mesías ha de ser del linaje de Judah). ¿A qué Ieshua podría estarse refiriendo?

Otro código que oculta la identidad del primogénito se halla en Génesis 49:3, cuando se bendice a Rubén - el primer hijo de Iakob -, y diciendo sobre él que es el «principal-primero en dignidad, el primero-principal en poder», se encripta el nombre 'Ieshua'. Pero vuelve a aparecer entre los siguientes dos versos (4-5), en la cita, «a mi lecho subiste, Simeón y Leví». A pesar de que el rabino Yeshua ha.Notzri era judío por ley, a causa de Iosef (José), pero – según fuentes extra-bíblicas - de sangre era levita, por Mariam (María), no se tiene constancia de que tuviese ascendencia de Simeón. Con todo, en Malaquías 1:2-3 podemos decodificar otra vez el nombre 'Ieshua', de la frase «Iakob, y a Esav odié», refiriéndose a la predilección por el que vino después. En Éxodo 24:2 nos hablan del profeta que hace de intercesor entre la deidad y el pueblo - y se entiende que el profeta anuncia cosas de parte de dios, mientras el sacerdote hace de intermediario para asuntos litúrgicos o espirituales -, diciendo: «Y se acercará Mashah (Moisés) solo a Iaheveh; y ellos no se acerquen, ni suba el pueblo con él.» En estas palabras, con solo 2 letras de separación entre una y otra, está el nombre 'Ieshua'. Una vez más, y en los versos 12 al 14 aparece 'Ieshua', aburándolos con 21 letras equidistantes, justamente donde el relato nos cuenta que Moisés y los jueces subieron al monte y vieron a Dios cara a cara, y comieron y bebieron ahí; es más, el verso 10, que es más explícito al referirse a este acontecimiento, contiene el título de 'Shiloah' con 3 letras de separación.

EL HIJO DE DAVID

Hemos profundizado en la imagen del Mesías en varias de las posibilidades con las que nos hemos podido topar, no obstante, aún no hemos abordado la parte de esta investigación que se centra en la propia figura de 'Ben Daud' (hijo de David). Buscando más sobre coincidencias, descubro más cosas que enlazan lo que ya está más que claro: la relación de ben David con Shiloah. Vemos en 1ª Crón. 11:13 otro mensaje críptico buscando 'ben daud', donde siguiendo la frase 'ben daud', la iniciales agregan el acrónimo "enviado y ungido", y lo que se puede traducir como "en caída" o "ante su presencia" (presencia de ellos). Parecería lo ya entendido, y nada más, hasta que se mira en medio de la frase completa y se usa el temurá (permutación anagramática), que forma el vocablo 'Ieshua', y lo que claramente es un alusión a un periodo y características del mismo: "adultero pueblo romano". Es evidente que este pasaje estaría sugiriendo que el hijo de David, no solo es el Enviado y Ungido, sino que apareció en el periodo del imperio romano. En lengua hebrea, al decir 'Ben' (hijo), puede referirse a todo un pueblo originario de un patriarca (reciben el nombre del patriarca), un colectivo, alguien que desciende de una estirpe concreta, alguien que representa a un grupo o alguien – o un grupo - que tiene un destino o final marcado (por ejemplo: «ben met», que quiere decir 'hijo de muerte', se refiere a alguien que ha de morir).

Está más que claro que los judíos esperan a un sucesor del rey David que levantará a Israel a su gran gloria, y con él volverán las 12 tribus e Israel será mayor que antes de la deportación del 720 a. e. c. – a manos de los asirios – cuando Salomón había mejorado las condiciones que su padre había logrado sobre las 12 tribus. Las palabras proféticas del rey David se anunciaron hace al menos 3.000 años, y lógicamente Salomón no reinó «para siempre» - como deja patente el texto -, es más, fue hijo de una relación nacida de adulterio y asesinato (pues David hizo morir a Urías, esposo de Betsabé, para encubrir su unión con ella, y fue ella quien le dio a luz a Salomón años después). Sumado a esto, se podría creer que Salomón resucitará y sería el Mesías, encajando con la descripción, pero Salomón no cumplió los requerimientos que anunciaban el resto de profecías, y se sabe, además, que en sus últimos años de vida se desvió hacia la idolatría. En todo esto hay mensajes ocultos, una y otra vez: Salomón en hebreo es 'Shlemah', es decir, 'el que provee la paz', pero él es imagen de quien anuncia Isaías en otra ocasión al hablar de la situación del Israel dividido y en peligro ante los asirios: «Porque un niño nos es nacido, un hijo nos es dado, y el dominio estará sobre su hombro. Se llamará su nombre: Admirable Consejero, Dios Fuerte, Padre Eterno, Príncipe de Paz.» (Isa. 9:6, R95) Así como en el caso de David, aquí vuelve a confirmarnos que habla de un 'hijo', aunque quién lo dice parece hablar desde el enfoque de Israel, no de Dios.

Si Isaías dijo que «un hijo nos es dado», ¿a quién le es dado? ¿Quién recibe o tiene el hijo? David dice que el descendiente sería para Dios como 'su hijo'. No obstante, en otra ocasión Salomón da a entender claramente que Dios tiene un hijo, y en un contexto que excluye la suposición de que pudiese referirse a Israel (ya que incluso hace una pregunta retórica como probando la sabiduría o comprensión del lector): «... ¿Quién afirmó todos los confines de la tierra? ¿Cuál es su nombre, y el nombre de su hijo, si es que lo sabes?» (Pro. 30:4, R95) Éste parece ser el heredero del trono de

Israel, del cual parece encontrarse correspondencia en Sofonías 2:9, en la frase, «[el] remanente de mi pueblo los saqueará y quedará», refiriéndose a heredar a las naciones de los gentiles, y ahí aparece un apelativo escondido: 'Ieshua'. Ese "nombre" o identificación es además considerado 'grande', como dice Malaquías 1:11 al referirse a Iaheveh Tzabaot, y justamente en ese pasaje, la frase, «ofrenda de donde sale el sol», oculta el término 'Mashiaj'. Retrocedamos un momento: Isaías dice del Ungido que es un "hijo" que tiene al menos 4 nombres, pero, ¿al final cómo es que se supone que se llama? Si por los epítetos fuese, habría que llar su nombre por una suma de iniciales, por lo que hay que comprender que el "nombre" no es el único referente de la forma en que le llaman, sino la raíz misma de su razón de ser, integridad, identidad y destino.

Viéndolo así, es un hecho que el Ungido será identificado como un 'Pelá Iuatz' (magnífico consejero), que los sabios judíos tradujeron al griego como «Megális Boulis Aggelos» (gran ángel consejero). La etimología de 'Iuatz' tiene relaciones con el mismo cognado anagramático de 'Ishuá' (salvar), pero en todo caso, esto no dice que sea un guerrero o libertador militar, sino un gran consejero. Los consejeros asesoran a los reyes, pero los reyes, ¿a quiénes asesoran? Esto solo confirma que el Ungido será un predicador de sabiduría, alguien dado al pueblo – entregado a ellos -. La palabra 'El Gabor' se entiende como poderoso fuerte, aunque la traducen como "dios fuerte", pero, ¿fuerte y poderoso respecto de qué, de su imperio? También le llamarán 'Abiad', que es un vocablo compuesto de las palabras 'Abei' (padre) y 'Ed' (testimonio, perpetuidad), mas, ¿qué quiere dar a entender el mensaje con esto? ¿Destacará por ser padre o por un patriarcado? Si es un padre eterno, ya entonces no es solo visto como un hijo, y si es un padre que da testimonio, ¿de qué testifica? Finalmente nos dice que es un 'Sar-Shalom' (jefe de paz), pero, ¿en qué consiste ser un comandante de paz? ¿Impone la tranquilidad, pasividad y ausencia de conflictos de forma dictatorial, o simplemente es el emblema mimo de todo lo que representa la Paz?

Es hijo y es padre, pero si es hijo de Dios, ¿cómo llega a la Tierra? ¿Viene del cielo y se materializa a semejanza humana? ¿Nace de una mujer ángel y desciende en un platillo volador? Todas las indicaciones son enfáticas en que nacerá en la Tierra por medio de una mujer mortal y en un cuerpo humano de ser así, ¿cómo es que es hijo de Dios? ¿Su alma es la que es hija de Dios y vino del cielo? Isaías 40:5 afirma: «se manifestará la gloria de Iaheveh, y toda carne juntamente la verá...» ¿Toda carne le verá? Eso es contrario a las Escrituras, que sostienen que Dios es invisible, que ningún ser de carne le ha visto ni le puede ver, y que quien le viese no viviría, como el propio ángel dijo a Moisés: «Dijo más: No podrás ver mi rostro; porque no me verá hombre, y vivirá.» (Éxo. 33:20, R60) El Ungido representa la gloria de Iaheveh, según deja en constancia el profeta, y eso quiere decir que aquel 'Iaheveh' del que vaticina Isaías es un "representante", así como el Iaheveh del Sinaí no era Dios sino representantes: «He aquí yo envío mi ángel delante de ti para que te guarde en el camino, y te introduzca en el lugar que yo he preparado. Guárdate delante de él, y oye su voz; no le seas rebelde; porque él no perdonará vuestra rebelión, porque mi nombre está en él.» (Éxo. 23:20-21, R60)

¿Su 'nombre' estaría con él? Está aclarando que Iaheveh es un nombre que ostenta un colectivo de ángeles que representa a dios. Por ello fue escrito: «Y dijo Iaheveh a Satán: Iaheveh te reprenda, oh Satán...» (Zac. 3:2, R60) ¿Iaheveh le dice a Satán que sea Iaheveh el que le reprenda? Le está hablando en tercera persona. Por consiguiente el Iaheveh que viene precedido por el que le prepara el camino es un representante de Iaheveh, y si le preparan un camino (senda, misión) relacionada con el arrepentimiento es que entonces es un mensajero espiritual. El Salmo 110:1 nos dice: «dijo Iaheveh a Adonai: "Siéntate a mi diestra, hasta que ponga a tus enemigos como estrado de tus pies".» ¿Iaheveh le habla a Adonai? La traducción que parece más acertada es la que entiende que 'Adonai' se puede leer como 'Adoní' (mi señor), tal como es comúnmente traducido, pero, ¿Quién es ese "señor"? ¿El Ungido? ¿Quién es más importante, David o el Mesías? Si el "señor" del que habla David es "su señor", la frase tiene sentido si evoca al Mesías, pero lo que no concuerda es que si el Mesías es "hijo" de David, el rey llame "señor" a su propio hijo. Eso es incoherente. Sería casi semejante a que un padre le diga a su hijo, «¿qué desea su señoría?», y no lo diga de forma sarcástica. ¿Por qué iba David a llamar a su hijo "mi señor"? Entonces no puede ser su "hijo", sin más, sino alguien sobrenatural (de hecho, literalmente dice "Adonai").

¿Cuándo vendrá y esperará hasta que IHVH destruya a sus enemigos? El día de IHVH ha de venir, y con él el futuro reino de paz, pero, si el profeta dijo que ya el Mesías existía desde los inicios de los tiempos, ¿ha estado a la diestra de Dios por todo este tiempo? ¿Cómo ha de venir si está con Dios en su gloria? ¿Si viene con las nubes, como un ser glorioso? ¿Cómo se explica que le dijesen a David que de su descendencia vendría el Mesías? El propio Salomón, hijo de David, dijo sobre Dios y su hijo habiendo "subido y descendido": «¿cuál es su nombre y el nombre de su hijo si lo sabes?» (Pro. 30:4) ¿Qué hay oculto ahí? El anagrama de «ki sham tashub» (porque allá regresará). ¿Y cómo puede regresar si antes no estuvo allí? De no ser así, ¿qué sentido tiene que David diga al propio Dios, «Subiste a lo alto, cautivaste la cautividad...»? (Salm. 68:18) Dios ya está en lo alto, ¿cómo es eso de que "subió"? ¿Es que acaso estuvo antes abajo? Pero aún más, el verso se puede leer como «te sentaste en el trono», y además, si se refiriese a Dios, ¿por qué diría: «tomaste dones en el hombre, y también supervisores para morar Iah Elohim»? Si estuviese hablando de Dios, ¿qué dones tiene que tomar Dios del hombre? ¿Carece el omnipotente de algo? ¿Depende en algo del hombre? ¿Qué puede tener el hombre que Dios carezca? Y si llevó supervisores para que Iah morase en ellos o ellos con Iah, entonces Iah ya estaba arriba y el que subió fue otro quien los llevó.

El concepto de Ungido ya no es simplemente un hombre, sino de alguien que pareciese poseer alguna característica sobre humana, alguien más parecido a un semi-dios. Lo que nos está diciendo la visión de David es que el Ungido es alguien con la capacidad de subir y bajar del cielo libremente. ¿Acaso es un ángel? En otro salmo David dice: «¿Qué es el hombre, para que tengas de él memoria, Y el hijo del hombre, para que lo visites? Le has hecho poco menor que los ángeles, Y lo coronaste de gloria y de honra.» (Sal. 8:4-5, R60) ¿Coronado de gloria y honra? La versión original de este texto nos dice: «¿Qué persona es aquella de la cual te acuerdas y el hijo de hombre al que visitas?» Hay un "hijo de Adam", una persona, que es visitada constantemente por Dios, y es ése el que es "coronado" de gloria y de honra. Pero, ¿cuándo, dónde y por qué es coronado? Ha de ser el ben David, pero no dice que le coronen simplemente como rey, sino que lo hacen en un sentido de glorificación y honor, lo cual deja patente que ese varón ha hecho algo sublime para ser dignificado de semejante manera. ¿Qué habrá hecho? Realmente la versión original no dice que le hicieron "un poco menor que los ángeles", sino que lo redujo o limitó a una cualidad o calidad «pequeña de los dioses». ¿Quién es este hombre, que además de ser definido como "hijo del hombre" fue encarnado o sometido a una naturaleza de deidad inferior, y que además es "atendido" por Dios?

¿Por qué lo atiendo el Altísimo, acaso no puede valerse por sí mismo siendo un semi-dios o deidad menor? Si el Mesías desciende de David, ¿cómo se hará inmortal (2ª Sam. 7:13)? Alguno diría que al hablar su «su trono» que será eterno, se refiere a que la monarquía de la dinastía davídica será permanente, mas de ser así, ¿quién sería el sucesor del Mesías, y luego el sucesor de éste, y así continuamente? ¿Serían reinados temporales? ¿Entonces en esta visión de las cosas, no habría inmortalidad ni vida eterna? David nos dejó las principales claves sobre la identidad del Ungido, y está claro que es un semi-dios, pero aún a pesar de su naturaleza divina, es sujeto a las limitaciones de un mortal, posiblemente en un cuerpo humano. Además de esto, David señala que será Iaheveh quien pondrá a sus enemigos bajo él, no el propio Ungido. Eso quiere decir que el Ungido representará a Iaheveh, pero también el propio Iaheveh estará tras sus espaldas y en su delantera. Con estas palabras nos podemos remontar a la frase que dice, «Me mostrarás la senda de la vida» (Salm. 16:11, R60), que confirma que el Mesías es un ser sobrenatural que vivirá como un humano y experimentará la vida humana mortal, a pesar de su naturaleza divina.

De esta forma de confirma el que lo llamen "testigo", pues dará testimonio de su propia experiencia en la mortalidad y en la creación, e igualmente esto aclara la razón de que se entienda que será "juez" y "sumo sacerdote", ya que el mesías "juzga con justicia", y eso significa que conocerá el sufrimiento para ser misericordioso a la hora de juzgar y juzgará sabiamente al conocer el corazón humano. La cuestión es que sí el Mesías ha de experimentar esta vida mortal, ¿dónde la experimentará? Su manifestación no se proyecta como algo progresivo o paulatino, sino contundente, de golpe. ¿Antes de manifestares estaría viviendo de incógnito? Entendemos a estas alturas cada vez más que el Ungido será un "pastor" de hombres, pero si se manifiesta de forma guerrera para liberar a Israel de sus enemigos, ¿en qué momento será este guía de paz? ¿Será pacífico antes de manifestarse o después de usar mano dura contra los enemigos de Israel? Parece más evidente que el Mesías ha de manifestarse dos veces, primera como esa idea de ben Iosef, como un guía espiritual y profeta, y luego como ben David, heredero del trono de David y restaurador de Israel. El rabino Ismael escribió: «Vi al Mesías hijo de José, y su generación, sus obras y sus hechos, que ellos realizarán contra las naciones del mundo. Vi al Mesías, hijo de David, y su generación y todos los combates y guerras, las obras y los hechos que realizarán con Israel, ya para bien, ya para mal.» (3ª Henoc 45:5)

Aquí parece indicar dos figuras diferentes, aunque no una persona con dos manifestaciones diferentes en periodos distintos. Uno de los principales pasajes bíblicos que nos recuerdan esta convicción de los hebreos sobre el origen del hijo de David se halla en el libro del profeta Jeremías, quien en el capítulo 30:3 nos dice que un día Iaheveh hará regresar a los cautivos de Israel e Ihudah (Judá), y en estas palabras se encripta el concepto de 'Ieshua' (salvación). Así es, según se halla su nombre en acrónimos de la frase «retornará mi pueblo Israel e Ihudah», y es lo que constantemente aparece: la identidad detrás de ben Iosef y ben David como el mismo individuo salvador, pero primero manifiesto para lo espiritual (porque de hecho, 'Iosef' significa "prestado" o "sustituto", un cargo o título temporal) y luego para establecer el reino. De cualquier manera, queda notorio que el Elegido trasciende al concepto de "cuerpo mortal", y parece ser consciente de que no tiene sentido temer a la muerte, ya que él está más allá de esta trivialidad, y comprende que tiene un origen excelso.

Hay otro salmo nos aporta más luz apropósito de este misterio: el 89. Supuestamente David habla de sí mismo, pero el verso 1 nos dice, «Las misericordias de Iaheveh cantaré perpetuamente; De generación en generación haré notoria tu fidelidad con mi boca.» (Salm. 89:1, R60) ¿Cómo se supone que un mortal puede "cantar perpetuamente" o hacer algo "de generación en generación", salvo que sea inmortal? ¿David fue inmortal? Tal como complementa verso siguiente, este debe ser el Mesías: «Porque dije: Para siempre será edificada misericordia; En los cielos mismos afirmarás tu verdad.» ¿Quién "edificará" o "construirá" las bases para esa manifestación de "misericordia"? Al entonces hablar del cielo, parece atar lo anterior con esto, pudiendo interpretarse que estas son promesas futuras de alguien que las fijará y se verán en los cielos.

¿Tiene esto relación con el hecho de que la Tierra será parte del reino de los cielos cuando el Mesías establezca su reino? Se supone que habla de David, o es un mensaje críptico, coincidiendo con la idea del pacto del Mesías: «Hice pacto con mi escogido». En consecuencia, es más posible que nos está hablando de la descendencia de David, agregando que «edificaré tu trono por todas las generaciones» Pero vuelve a relacionar este tema con los cielos y los "santos": «Celebrarán los cielos tus maravillas, oh Iaheveh, Tu verdad también en la congregación de los santos.» Dicho diálogo parece ser una temática que gira en torno a derrocar a poderes inicuos que están en los cielos, «Porque ¿quién en los cielos se igualará a Iaheveh? ¿Quién será semejante a Iaheveh entre los hijos de los potentados?» (Vers. 2-6, R60)

La idea de que este capítulo nos hable de la era del Mesías y el alzar fuerte del poder de Iaheveh contra los poderes opositores en los cielos – y claro, también en la tierra – puede seguirse entendiendo con los toros versos, como el que identifica al «Dios temible en la gran congregación de los santos, Y formidable sobre todos cuantos están alrededor de él.» (Vers. 7) Aunque esto sigue reiterándose hasta el verso 18, en el 19 nos vuelve a hablar del Mesías en dificultades: «Entonces hablaste en visión a tu santo, Y dijiste: He puesto el socorro sobre uno que es poderoso; He exaltado a un escogido de mi pueblo.» Los versos siguientes parecen una vez más hablar de David, pero decididamente son mensajes dobles, refiriéndose al "Amado", ya que atribuyen cosas que nada tiene que ver con David, como el decir «Asimismo pondré su mano sobre el mar, Y sobre los ríos su diestra.» (Vers. 25) Especialmente en las citas posteriores, que sostienen: «Él me clamará: Mi padre eres tú, Mi Dios, y la roca de mi salvación. Yo también le pondré por primogénito, El más excelso de los reyes de la tierra.» Entonces, o David es eterno, o aquí habla del "ben Dauid": «Para siempre le conservaré mi misericordia, Y mi pacto será firme con él. Pondré su descendencia para siempre, Y su trono como los días de los cielos.» (Vers. 28-29, R60)

Siendo así, y que habla de su linaje, aquel a quien Dios llamará su "primogénito", y quien a él le llamará "mi Padre", ¿quiénes son los que rechazarán al Mesías? «Mas tú desechaste y menospreciaste a tu ungido, Y te has airado con él. Rompiste el pacto de tu siervo; Has profanado su corona hasta la tierra.» (Vers. 38-39); «Porque tus enemigos, oh Iaheveh, han deshonrado, Porque tus enemigos han deshonrado los pasos de tu ungido.» (vers. 51) El Salmo 2:6 nos vuelve a hablar del rey puesto por Iahevah, que estará sobre Tzion y sobre toda la Tierra, y a quien llama "mi hijo", y hasta agrega que le "engendró", y él dirá esto (hará saber que Dios le dijo que él era su padre): «Pero yo he puesto mi rey Sobre Sion, mi santo monte. Yo publicaré el decreto; Iaheveh me ha dicho: Mi hijo eres tú; Yo te engendré hoy. Pídeme, y te daré por herencia las naciones, Y como posesión tuya los confines de la tierra. [...] Servid a Iaheveh con temor, Y alegraos con temblor. Honrad al Hijo, para que no se enoje, y perezcáis en el camino; Pues se inflama de pronto su ira. Bienaventurados todos los que en él confían.» (Sal. 2:6-12, R60) ¿Benditos los que en él confían? ¿Por qué?

Analizando la traducción que los 72 sabios judíos – llamada Septuaginta, o 'LXX' - enviados por el Sumo sacerdote de Jerusalén (por instrucciones de Ptolomeo II Filadelfo (284-246 a.e.c.), monarca griego de Egipto) en Alejandría, podemos ver que en Deuteronomio 32:43 escribieron, «regocijaos, cielos, a par de él, y adórenle todos los hijos de Dios; regocijaos gentiles, con su pueblo, y confórtense en él, todos los ángeles de Dios...» ¿Qué adoren a quién? ¿De quién habla acá y a quien aún a los gentiles alegrará y a quien incluso los propios "hijos" de Dios y/o ángeles habrían de adorar? En hebreo nos dice que han de regocijarse porque «la sangre de su siervo ha levantado, y se levantará sentado sobre sus enemigos» ¿Quién es ese siervo cuya sangre es "levantada" (una idea de que le asesinan y vuelve a la vida), y que es felicidad para los gentiles, un adorado por los hijos de Dios y/o ángeles, y que se pondrá sobre sus enemigos? Éste parece ser el mismo del que dijo David, «Tu trono, oh Dios, es eterno y para siempre; Cetro de justicia es el cetro de tu reino. Has amado la justicia y aborrecido la maldad; Por tanto, te ungió Dios, el Dios tuyo, Con óleo de alegría más que a tus compañeros.» (Sal. 45:6-7, R60) ¿Si el aceite de unción es de la aceituna – y esta del olivar -, ¿qué tiene de diferente respecto de los otros "compañeros" que también fueron ungidos (profetas, reyes y sacerdotes).

UN SIERVO

Más que un luchador armado, el Mesías parece un luchador interior, un ejemplo de de persona, de dominio propio, de entereza, de nobleza y de virtud, pero por encima de todo, es un siervo de Dios, obediente a Él. Isaías los dice en el capítulo 53, afirmando que fue obediente hasta la muerte, pero en el capítulo 49 nos habla más de ese carácter de obrero, siervo y obediente de Dios. El profeta empieza diciendo, «Oídme, costas, y escuchad, pueblos lejanos. Iaheveh me llamó desde el vientre, desde las entrañas de mi madre tuvo mi nombre en memoria.» ¿Costas y pueblos lejanos? ¿Qué tienen ellos que ver con Israel? ¿Por qué les habla a ellos, y les testifica sobre lo que Dios predestinó para el Elegido? Habla a los gentiles, y les dice que fue escogido ya desde antes de nacer, e Iaheveh tenía ya pensado lo que él (el Ungido) haría. Agrega, «puso mi boca como espada aguda» (vers. 2, R60), ¿qué significa? Que sus palabras son cortantes, que destruye a sus enemigos solo con su oratoria. El mismo verso afirma que es una herramienta perfecta usada por el Señor y respaldada por Él: «me cubrió con la sombra de su mano; y me puso por saeta bruñida, me guardó en su aljaba...» Ahí dice a Israel, «Mi siervo eres», pero el contexto de la narrativa nada tiene que ver con Israel, salvo que les dice «en ti me gloriaré», pues es a través de Israel que Él se revelaría en su poder. Agrega Isaías hablando por el Ungido: «Por demás he trabajado, en vano y sin provecho he consumido mis fuerzas; pero mi causa está delante de Iaheveh, y mi recompensa con mi Dios.» ¿En qué trabaja el Mesías?

Si analizamos debidamente el contexto, parece decir que el Mesías se gloría de Israel, y que el Elegido obró con ellos en vano, siendo, empero, su recompensa dada por Dios, quien habría visto su esfuerzo, aunque sus hermanos no lo hubiesen hecho. Entonces el verso 5 nos confirma otra vez que Iaheveh fue «el que me formó desde el vientre para ser su siervo», y aparte de que no puede estar hablando de Israel, tampoco puede estar hablando del propio profeta Isaías (como tampoco pudo serlo cuando afirmó: «he aquí, envíame a mí» (Isa. 6:8)). Esto es irrefutable al agregar, «para hacer volver a él a Jacob y para congregarle a Israel», entonces sí es el Elegido, y enfatiza que por encargarse de reunir a su pueblo, «estimado seré en los ojos de Iaheveh». Pero, ¿de qué Israel está hablando? Si todos estaban dispersos, ¿cómo iba a saber dónde estaba la descendencia de cada una de las tribus? Si hacemos cálculos sobre la cantidad de israelitas que fueron llevados a asiria, a babilonia y luego tras la expulsión por parte de los romanos, y a eso agregamos una media de hijos que estas personas tendrían por generación, ¿de cuántos individuos estaríamos hablando a día de hoy? Estos millones de personas no podrían pasar desapercibidos en ninguna parte del mundo, ni habrían podido prevalecer sin cruzarse con los gentiles, de manera que es imposible hablar de una raza pura si nos remitiésemos estrictamente a un linaje de sangre.

En consecuencia, el Israel que ha de ser llamado debe trascender más allá de un mero concepto de sangre, porque si por eso fuese, gran parte de la población mundial actualmente tendría algún tipo de ascendencia hebrea. Si el Mesías reúne a Israel, ¿cómo separa a estos "israelitas" que han muerto a lo largo de hasta 2.700 años, en otros países y cruzados con otros pueblos? Esta idea es incoherente, a menos de que el Israel del que están hablando las profecías sea una selección de personas, escogidos del mundo que se ha cruzado con la estirpe hebrea, y que por su virtud y cumplimiento de la ley de la conciencia y la rectitud serán herederos de una parte especial del reino del Elegido. Ahora sí cobran sentido estas palabras del verso 6: «Poco es para mí que tú seas mi siervo para levantar las tribus de Jacob, y para que restaures el remanente de Israel; también te di por luz de las naciones, para que seas mi salvación hasta lo postrero de la tierra.» El Mesías no hará una selectividad sanguínea sino espiritual, eligiendo a los hombres y mujeres virtuosos y obedientes de la ley de Dios, y todos ellos serán llamados 'Israel', y por tanto la salvación vendrá sobre ellos. Isaías dice, además, que el Dios Redentor habla a "aquel" Elegido, diciendo: «al menospreciado de alma, al abominado de las naciones», pero si el Elegido es denominado 'Jamedet' (deseado), ¿cómo es que ahora dice que es abominado? ¿Primero amado y luego odiado, o primero odiado y luego amado?

El elegido representa la salvación espiritual, el camino a la vida eterna, y en consecuencia la religión pura y verdadera. ¿Qué entiende la sociedad moderna por "religión"? imaginan a Jesucristo y lo asocian con las arbitrariedades de la Inquisición y el Fascismo – por culpa del catolicismo -, y culpan a Yeshua, sin causa, por este mal. La irreligión está tomando cada vez más vigor, y la imagen de Jesucristo recibe las burlas y críticas de todos, aún a pesar de que no tienen argumentos reales que le puedan culpar por cosas que jamás enseñó ni hizo. Isaías puede estar hablando de un personaje que será odiado, pero cuando se manifieste será respetado: «Los reyes lo verán y se levantarán; también los príncipes, y se postrarán». Esta cita es incoherente si aceptamos que la idea de un Mesías salvador que vendrá no es más aceptada; puede no ser creída, pero de ahí a "odiar" o "menospreciar" al Mesías, sin siquiera haberle conocido, ¿qué lógica tiene? Más bien, habrá estado una vez, y tras ello se habrá ido y la fe en él se habría perdido, le habrían rechazado y criticado, y luego, cuando regrese en su gloria será cuando se humillarán ante él y se avergonzarán. Pero esto no se queda ahí...

Isaías 49 dice, en el verso 8, «En tiempo aceptable te oí, y en el día de salvación te ayudé; y te guardaré, y te daré por pacto al pueblo, para que restaures la tierra, para que heredes asoladas heredades...» Cuando debió ser el momento Dios le ayudó, ¿y en el resto del tiempo no? En el día que debió ser salvado le ayudó, ¿cómo lo ayudó? Dice que le "guardará", que se entiende como "proteger" o "preservar", y entonces él será "un pacto" para el pueblo. ¿Un pacto? No dice que traerá un pacto, sino que él mismo será un pacto, y por medio de esta nueva alianza vendrá el tiempo en que restaurará la Tierra. Es notorio que al hablar de despojos y heredades asoladas nos dice que el mundo habrá sido destruido, sea por cataclismos, guerra mundial o ambas cosas. O sea, el Mesías heredará la tierra tras el har-Magedon, pero antes de eso cumplirá su roll de médico, asistente y salvador: «para que digas a los presos: Salid; y a los que están en tinieblas: Mostraos.» ¿En tinieblas? ¿Qué significa eso realmente? En la jerga hebrea y sus terminología y simbología críptica, los presos y los que moran en tiniebla son las almas de los difuntos que moran en el Sheol (el Hades). Sacará del inframundo a los humildes y rectos que están ahí, y llevará a todos a la vida eterna y la utopía: «No tendrán hambre ni sed, ni el calor ni el sol los afligirá; porque el que tiene de ellos misericordia los guiará, y los conducirá a manantiales de aguas.» (Verso 10) El libro cristiano de Apocalipsis dice lo mismo del Cordero de Dios: «Ya no tendrán hambre ni sed, y el sol no caerá más sobre ellos, ni calor alguno; porque el Cordero que está en medio del trono los pastoreará, y los guiará a fuentes de aguas de vida; y Dios enjugará toda lágrima de los ojos de ellos.» (Apoc. 7:16-17, R60)

Encontramos analogía de Levítico 16:21 con Números, donde en el capítulo 6 aparece codificado 'Jamedet' en más de 12 combinaciones, todas las cuales salen de la frase repetida, «un macho cabrío por el pecado». ¿Sería el Mesías un hombre de tal amor altruista que cargaría los pecados de su pueblo sobre sí mismo, entregándose él como sacrificio para la liberación de ellos? Números 15:25-26 nos habla del sacerdote que hace expiación por «todos los hijos de Israel», y el contexto que afirma, «Iaheveh por inadvertencia perdonará», refiriéndose al pecado accidental, codificando el nombre 'Ieshua'. Precisamente la tradición nos dice que los judíos hicieron crucificar a Yeshua sin ser conscientes de quién era realmente, cosa que encaja con el vaticinio de Zacarías, al decir que al final de los tiempos, cuando el Mesías se manifieste, llorarán por él, por el unigénito y el primogénito, al que habían traspasado. Además de esto, habla de "su siervo", lo que los ortodoxos judíos interpretan erróneamente como si hablase de Israel; y es que se usa idea de siervo para referirse al pueblo que realmente le sirve a su dios (un simple ejemplo: Isaías 1:17 dice, «aprended a hacer el bien; buscad el juicio, restituid al agraviado, haced justicia al huérfano, amparad a la viuda», y en notaricón aparece codificado el nombre de 'Israel', es decir, ese debería haber sido el fruto del verdadero hijo de Dios). De ser así, ¿en qué consiste el "servir" a Dios? Si Dios no necesita nada de nadie, ¿qué podemos hacer nosotros por Él? los israelitas fuimos llamados a la santificación, y a través de esa santificación llevar el mensaje de Dios al resto del mundo.

Se podría decir que "servir" a Dios sería el serle de utilidad para el camino del propio hebreo y del camino al que el hebreo lleva al no hebreo. Esta idea empezó a aparecer cuando Israel estaba en Egipto, cuando Iaheveh mandó a Moisés que dijese al faraón que dejase a su pueblo «para que le sirviese» (ej. Éx. 8:20), y en el verso del río, cuando posteriormente es convertido en sangre, puede uno leer que la frase «Iaheveh deja [ir] mi pueblo y que me sirvan» con los caracteres anagramáticos que forman el nombre 'Ieshua'. Yeshua (Ieshua, Jesús, Ihsous) dijo en su momento a los religiosos judíos que ellos habían dejado de dar frutos para Dios, y por tanto la herencia y dirección de Israel les sería quitada. En ese contexto Yeshua daba a entender que su misión era que un verdadero pueblo de Dios diese verdaderos frutos, como se ve en Isaías 51:16, cuando habla el Señor a Tzion (Sión) diciendo que es su pueblo y que pondría en él sus palabras; aquí, la frase «la Tierra y el decir a Tzion, mi pueblo eres tú», oculta el título de 'ha.Notzri' (el Nazareno) – y esto se repite constantemente, como en el Salmo 48:2 (el verso 3 de la Tanak), donde habla del trono de Dios en la tierra, y en la frase «toda la tierra, el monte Tzion al lado», también esconden el calificativo de 'Natzerí'. No se trata de una casualidad ni de una conspiración: es cosa de quienes transmitieron la Escritura. Otra cosa es ya que no les quieran creer a ellos (a los ángeles).

Si buscásemos en las Escrituras una alusión clara que habla de un siervo que atiende, conocemos el clásico de Samuel (cuyo nombre justamente significa "Dios oyó"), y en la frase donde dice «tu siervo escucha, y habló Iaheveh» (1ª Sam. 3:10-11), está codificado en notaricón el nombre 'Ieshua'. Samuel es importante en los mensajes ocultos de la biblia, ya que él ungió a los primeros reyes de Israel, y es justamente en 1ª de Samuel 8:9-10 donde hay una referencia al que será rey de Israel. Al final del verso 9 y el comienzo del 10, se encuentra la frase, «reinará sobre ellos, y lo dijo Samuel», donde se encripta el nombre 'Ieshua'. Otro ejemplo de esto aparece precisamente cuando Samuel le dice a Saúl que Dios le ha enviado para ser el rey de Israel, donde en la frase «sobre Israel, y tu escucha» (1ª Sam. 15:1) una vez más aparece encriptado el nombre de Ieshua (Jesús). También en el primer libro de Samuel se nos dice que Saúl temía a David tras vencer a Goliat, sabiendo que Dios estaba con él y ya no estaba con Saúl; y en el pasaje correspondiente (18:12) vuelve a aparecer el nombre de Yeshua. No puede tratarse de una casualidad sino de referencias claras a que Yeshua es el representante de David como rey de Israel. Sabemos que David era considerado tanto rey como el siervo de Dios, y en 2ª Samuel 15:21-22 se hace un comentario que contiene especialmente esta referencia en la frase, «allí donde esté tu siervo, fue dicho», que una vez más tiene los caracteres acrónimos del nombre 'Ieshua'.

Isaías (en el capítulo 42) también nos dice: «He aquí mi siervo, yo le sostendré; mi escogido, en quien mi alma tiene contentamiento; he puesto sobre él mi Espíritu; él traerá justicia a las naciones.» ¿Por qué siempre aclara que le "sostendrá"? ¿Acaso no podrá caminar por sí mismo? ¿Por qué había de necesitar constantemente el apoyo del Señor? ¿Sería una persona insegura o débil, o, por el contrario, lo que tendría sería una dura oposición del pueblo, posiblemente de sus líderes? El verso 2 dice que «No gritará, ni alzará su voz, ni la hará oír en las calles. No quebrará la caña cascada, ni apagará el pábilo que humeare; por medio de la verdad traerá justicia.» Dice que será por medio de la "verdad" que impondrá la justicia, no por medio de la guerra, de manera que nos habla del conocimiento, la enseñanza y la revelación celeste. ¿Cuál es la "caña cascada"? Habla de la caña que ya está partida (el pueblo de Israel esparcido y sin identidad, y en sometimiento y humillación) y del carrizo o mecha de lino que se traduce de la forma 'Pashtah' que está ya débil, pues 'Kahah' se refiere a reprochar. En otras palabras, aquel que viene no lo hará para hacer sentir peor al pueblo de las cosas que ya saben que hacen mal o para acusarles, juzgarles o señalarles por su situación. Vendrá a consolarlos, y aunque no quita el problema que social o políticamente pudiesen tener, les alivia de sus cargas. El verso 4 dice que «No se cansará ni desmayará, hasta que establezca en la tierra justicia; y las costas esperarán su ley.» ¿Las costas esperarán su ley? 'Aiím' se refiere a regiones o alas (la necesidad de desplazarse lejos), una clara referencia a lugares remotos que estarán esperando su llegada. ¿Pero cómo podrían esperarle si en ellos no hubiere una previa conciencia de lo que es el Mesías y su misión?

Y sigue diciendo sobre el Mesías: «Yo Iaheveh te he llamado en justicia, y te sostendré por la mano; te guardaré y te pondré por pacto al pueblo, por luz de las naciones, para que abras los ojos de los ciegos, para que saques de la cárcel a los presos, y de casas de prisión a los que moran en tinieblas.» De manera que el Elegido fue llamado para ser, él mismo, el "pacto" prometido, y no explícitamente a Israel, sino al pueblo que el propio Mesías establece; es más, deja patente su roll respecto de los gentiles, un papel de guía espiritual, y que parece "abrir los ojos de los ciegos". ¿Es algo literal o alegórico? ¿Por qué no ambas cosas? La idea de "salir de la cárcel" es también un eufemismo para identificar la idea de las personas con ataduras emocionales, adicciones o esclavitud mental. Por su parte, al hablar de los que "moran en tinieblas" en moradas allí establecidas, es lo que se entiende por almas que yacen en el Sheol. Dicho de otra forma, liberará del Hades a almas que residen allá. Éstas virtudes son los que dan título al Enviado, el quien viene en nombre del Señor: «Yo Iaheveh; éste es mi nombre; y a otro no daré mi gloria, ni mi alabanza a esculturas. He aquí se cumplieron las cosas primeras, y yo anuncio cosas nuevas; antes que salgan a luz, yo os las haré notorias.» (Vers. 5-9, R60)

EL PODER DE JUDAH

El patriarca Iakob (Jacob) había profetizado que el poder de Judah caería, pero Judah no vino a representar la monarquía de Israel (y hasta hoy su legado: por eso se habla de 'judíos', y no de las otras tribus) hasta al menos 1.000 años después. La profecía de Iakob (Gén. 49:10) anunciaba que Judah perdería su 'Shebet' ('cetro', símbolo de mando) cuando llegase el Enviado. No obstante, la monarquía judía sucumbió ante la llegada de Nabucodonosor II a Jerusalem bajo el reinado de Joaquim, quien fue llevado prisionero en el 597 a. e. c. Si bien, no hubo indicios del Enviado por ningún lado en ese momento. La misma profecía agrega que además del cetro también sería quitado a Israel el 'legislador' de «sus pies», es decir, de sus bases. Pero, ¿quién es el 'legislador'? Moisés no podía serlo, toda vez que él falleció casi 900 años antes de la deportación babilonia. En dos ocasiones se denomina a Judah 'el legislador', dando a entender que es el jefe sobre el resto de tribus de Israel, y en otra se llama así a Iaheveh, refiriéndose a Él como 'el juez'. El vocablo hebreo que se traduce como 'legislador' es 'Jakek', voz que otros traducen como 'cetro de mando' o 'vara de autoridad'.

En el contexto se refiere al poder legislativo y judicial, el soporte legal o ley del pueblo (las mitzvot (normativas) de Moisés), razón por la cual 'Jakek' fue traducido a la Septuaginta como «consideración de su muslo», que quiere referirse al soporte estructural. Lo más representativo es que el Tárgum (versión aramea de la Tanak) traduce esto como «las escrituras de [en medio de] los hijos de los hijos», refiriéndose a la ley de Moisés. Comparando esto con Deut. 9:15-16 - al hablarnos de las tablas de la ley – la definición de 'Ieshua', que aparece en la frase «sobre mis dos manos miré», nos hace considerar que la ley prescrita que estaba en administración levita sometía a las 12 tribus, aún cuando estas estaban dispersas, e independientemente de que no hubiese un Israel al 100% seguían siendo una base para la salvación de la persona. Siendo conocido que Judah (con algunos de Leví y media tribu de Benjamín) fueron los supervivientes del sometimiento asirio sobre Israel, esta profecía ya anticipaba que Judah permanecería, y sería el remanente fijo hasta la llegada de Shiloah.

El asunto con esto es que hemos de agregar el aspecto histórico de los acontecimientos en la región de Judeah y Samaria, y recordar que aunque los judíos (la tribu de Judah) permaneció tras el cautiverio asirio (722 a. e. c.), y al ser llevados por los babilonios (560 a. e. c.) igual retornaron 70 años más tarde, lo cierto es que fueron expulsados de Judeah por el emperador romano Adriano tras la toma de Masada en la derrota judía contra las legiones romanas en el año 135 d. e. c. Una de dos, o el Mesías debe aparecer ahora, que los judíos regresaron al denominado 'Estado de Israel' – y que lleva desde 1948 en pie (casi 70 años) -, o vino antes de que Judah sucumbiera ante el imperio romano en el siglo II d. e. c. La primera opción complacería más a los tradicionales judíos que aún esperan al elegido, pero el pasaje de Génesis 49:10 nos decía que tanto el 'cetro' como el 'legislador' serían quitados desde la llegada de Shiloah, y nadie puede negar que con la caída de Jerusalem en el año 70 d. e. c., la esperanza de recuperar al 'legislador' (toda la estructura de la religión, leyes, liturgias y protocolo de Israel) aún permanece, porque desde la Primera Guerra Judeo-romana desapareció el continuo sacrificio, el templo, el sacerdocio, las ofrendas, el altar y todo lo que identificaba la base de las prácticas de las leyes aprendidas en el desierto del Sinaí.

Judah perdió todo poder en todos los sentidos, y aún hoy la idea permanece, ya que aunque los judíos se entiende que son los que moran en Israel, el nombre no es Judea, sino Estado de Israel, que ni siquiera ha reunido aún al resto de tribus dispersas. La propia tierra de Judeah dejó de serlo según los límites establecidos por Moisés y Josué, y hoy está dividida geográficamente, devorada por la mitad por el espacio cedido por las Naciones Unidas a la denominada Cisjordania, que, además, también posee casi todo el territorio de Samaria (que era la capital del reino del norte). Eso nos lleva a una misma época cuando el reloj empezó a marcar el momento de la aparición de Shiloah: la abominación desoladora (la asolación que los romanos trajeron sobre Judeah. Judah, Jerusalem, su muro, el templo, el sacerdocio, los oficios, todo, sucumbió en las guerras contra los romanos, y desde entonces vino su dispersión. Esto había sido anunciado por Isaías casi 600 años antes: «Os mostraré, pues, ahora lo que haré yo a mi viña: Le quitaré su vallado, y será consumida; aportillaré su cerca, y será hollada. Haré que quede desierta; no será podada ni cavada, y crecerán el cardo y los espinos; y aun a las nubes mandaré que no derramen lluvia sobre ella. Ciertamente la viña de Iaheveh Tzabaot es la casa de Israel, y los hombres de Judah planta deliciosa suya. Esperaba juicio, y he aquí vileza; justicia, y he aquí clamor.» (Isa. 5:5-7, R60)

JESÚS NAZARENO, ¿ES EL UNGIDO?

Mientras para la tradición ortodoxa judía Yeshua era un brujo, los cristianos dicen que es el Mesías; No obstante, otro grupo – judío más conservador y musulmán – consideran que fue un maestro y profeta, aunque no el Elegido (el hijo de David). Si ya vino el Mesías, hay que descartar a personalidades destacadas, y el candidato más conocido para ser el Mesías ha sido Yeshua ha.Notzri, y si él no es el Ungido, ¿porqué la mayoría de la humanidad sí lo cree? ¿Qué relación tiene su vida conocida con lo que se espera – o esperaba - del Mesías? Sin duda alguna Yeshua ha.Notzri es el personaje más famoso de toda la historia, y este hecho ha contribuido a la creación de cientos de creencias, religiones, películas, libros, artículos, documentales, debates, e incluso sectas. Constantemente un nuevo argumento surge para dar rienda a nuevos contenidos y especulaciones, desde áreas como la ufología, a las teorías de la conspiración, la historia, la arqueología, la mitología, la masonería, la medicina, las profecías, la filosofía y la fe. No obstante, a pesar de tanta literatura sobre su persona, las modas crecientes han empañado su mensaje aún más que las diversas doctrinas humanas que interpretan a su conveniencia sus enseñanzas, sacándolo de la historia, negando sus obras o incluso quitándole valor.

Mesías o no, rabino (maestro) o no, profeta o no, ¿qué es lo que él realmente es, y qué es lo que realmente no es? Para aclarar esto debemos mirar qué dicen las fuentes y compararlo con la profecía bíblica sobre el Enviado. No podemos partir de las creencias populares o religiosas, porque como las modas, van y vienen, son mejores o peores, le dan buena fama o lo ridiculizan y desprestigian. Si antes Yeshua era "Dios" para muchos, los papeles han ido cambiando pasando a considerarlo homosexual, un hombre de familia común y corriente – esposo y padre de una dinastía secreta cruzada posteriormente con los merovingios -, un mero filósofo, un hechicero, alguien inventado por el poder romano, una figura mitológica... es interesante observar que de ningún otro personaje de la historia se han fraguado semejantes teorías de la conspiración o modificaciones de las versiones oficiales de los hechos y, a pesar de todo esto, parece que su identidad y naturaleza siguen sin ser completamente claras a ojos del vulgo. Es notorio el contraste en el nivel de avance de la ciencia con la disminución en el conocimiento cultural social, a pesar de que los recursos de estudio han aumentado, y la razón parte primeramente de la 'propaganda' y el 'adoctrinamiento' social; antes lo hacía la curia, hoy lo hacen la televisión, el cine, las modas, la industria de la música, la educación escolar y universitaria, los medios de comunicación, la desinformación por redes sociales, las ideologías emergentes y demás bombardeo en que tanto invierte la organización jesuita, la masonería y otros estamentos.

El saber es esencial, porque aleja la ignorancia y despierta la conciencia. Aunque un libro sería suficiente para englobar todas las fuentes que avalan la historicidad de la figura de Yeshua, basta saber que hasta en Wikipedia se encuentran referencias sobre él que no pertenecen al canon bíblico ni a la historia del cristianismo, por lo que existir, existió. El grado de incultura ha llegado aún a niveles universitarios, donde se han desarrollado tesis para argumentar que Yeshua fue un personaje inventado partiendo de varias mitologías, sin siquiera poder probar realmente con la propia mitología alguna de dichas afirmaciones. Se ha comparado al nazareno con personas o deidades, tales como Mitra, Zoroastro, Krishna, Osiris, Horus, Dionisio, Serapis, Atis, y otros cuántos. Pero eso no es todo, incluso algunos han dicho que la figura misma de Moisés fue inventada con base a la imagen del faraón Akenatón. Lo más penoso de todo esto es que se ha presentado en nombre de la verdad, la ciencia. Existe tanto resentimiento contra la iglesia católica romana que se ha omitido el estudio del propio pueblo hebreo, al que pertenece Yeshua, pero no es solo eso: tirar por tierra la figura del maestro nazareno sería hundir al cristianismo, y ese es un gol para todos los movimientos actuales de libertinaje, inmoralidad, falta de ética, desenfreno social, violación de libertades personales y del derecho a la vida, ateísmo, nihilismo y otro largo etcétera. Es decir, se trata de una propaganda mediática con fines trascendentales para los estamentos en el poder.

Existen infinidad de coincidencias entre el papel de Yeshua y el Mesías, y eso es innegable, pero la mayoría de contenidos evocan más en un aparente papel predicador de amor de parte de este rabino judío. Debemos tomar los datos y analizarlos... códigos ocultos en la propia Torah (Pentateuco), como el caso de Éxodo 13 y 14, muestran el nombre 'Ieshua' con 24 letras de separación (en el 13:19), con 3 (en el 13:21-22), con 1 (en el 14:13) y con 29 (en el 14:14-16), y entrecruzado 'Mashiaj' (Mesías) con 13 letras equidistantes (del 13:22 al 14:2), y asimismo 'Shiló', con 4 letras (en el 14:21 y el 14:27). Justamente en estos pasajes nos cuenta que «Iaheveh iba delante de ellos de día en una columna de nube para guiarlos por el camino, y de noche en una columna de fuego para alumbrarles, a fin de que anduviesen de día y de noche. Nunca se apartó de delante del pueblo la columna de nube de día, ni de noche la columna de fuego.» (Cap. 13:21-22, R60) También nos relata cómo Iaheveh dividió el par para que los hebreos pasasen en seco y posteriormente hizo que regresasen y hundiesen a los ejércitos del faraón. En el milagro del árbol que endulzó las aguas (Éx. 15:25-26), asimismo aparecen combinados 'Ieshua' y 'Mashiaj', con 28 y 23 letras de separación, respectivamente. Esto puede ser relativo a ben Iosef o no, simplemente, no a ben David, pero hay que profundizar más.

Para los cristianos y musulmanes es notorio que Yeshua ha.Notzri es un ungido esperado, aunque su segunda venida será la que marcará su carácter de rey de Israel y de re-unificador de las tribus perdidas. Aun así, la inmensa mayoría de musulmanes objetan sobre su carácter de "hijo de Dios", aduciendo que él es simplemente un profeta, alegando que Muhammad (Mahoma) dejó claro que no era el Mesías. Extrañamente no es esto lo que dice el Quran (Corán): «Alá te anuncia la buena nueva de una Palabra que procede de Él. Su nombre es el Ungido, Issa, hijo de Maryam» (Quran 3:45). Además de esta cita hay al menos 10 más en el Quran, y si esto fue transmitido por Muhammad, y en árabe 'ungido' es 'Masahah', ¿de dónde se supone que procede la palabra castellana 'Mesías? Que en árabe Mesías, concretamente sea 'Almasih', no significa que la raíz no sea la misma. Ungido y Mesías son lo mismo, de hecho, la voz Almasih (Mesías) denota el carácter del Masahah (Ungido). Es una mera cuestión de semántica. En definitiva podemos decir que así como los cristianos ven a Yeshua como el Mashij (Mesías, Ungido), los islámicos, basados es los sagrados suras, deberían considerar igualmente a 'Isa ibn Maryam' (Jesús hijo de María), como el Masahah/Almasih, cosa que no hacen los judíos. Pero, ¿por qué?

Según la tradición oficial judía, Yeshua, al que llaman 'Ieshu' (una forma despectiva de querer decir "borraremos tu nombre de nuestra historia"), fue un brujo que por influjo de Belcebú hizo trucos de magia con los que engañó a muchos y quien enseñó una doctrina que alejó a los hebreos de la ley de Moisés. Aunque no es tan odiado como Shaulo (Pablo) de Tarso –literalmente considerado un traidor –, de ambos se considera que pervirtieron la tradición, aún cuando cualquier carta o evangelio que se lea no contiene ninguna oposición a Moisés: «No penséis que he venido para abrogar la ley o los profetas; no he venido para abrogar, sino para cumplir. Porque de cierto os digo que hasta que pasen el cielo y la tierra, ni una jota ni una tilde pasará de la ley, hasta que todo se haya cumplido. De manera que cualquiera que quebrante uno de estos mandamientos muy pequeños, y así enseñe a los hombres, muy pequeño será llamado en el reino de los cielos; mas cualquiera que los haga y los enseñe, éste será llamado grande en el reino de los cielos.» (Mat. 5:17-19, R60) Además de estas palabras, Yeshua hizo muchos comentarios públicos respecto de la ley: «Entonces vino uno y le dijo: Maestro bueno, ¿qué bien haré para tener la vida eterna? Él le dijo: ¿Por qué me llamas bueno? Ninguno hay bueno sino uno: Dios. Mas si quieres entrar en la vida, guarda los mandamientos. Le dijo: ¿Cuáles? Y Jesús dijo: No matarás. No adulterarás. No hurtarás. No dirás falso testimonio. Honra a tu padre y a tu madre; y, Amarás a tu prójimo como a ti mismo. El joven le dijo: Todo esto lo he guardado desde mi juventud. ¿Qué más me falta? Jesús le dijo: Si quieres ser perfecto, anda, vende lo que tienes, y dalo a los pobres, y tendrás tesoro en el cielo; y ven y sígueme.» (Mat. 19:16-21, R60)

Básicamente Yeshua es un hereje y blasfemo para la fe judía, aún cuando la Tanak nunca profetizó nada (no hubo advertencia alguna) sobre un "falso profeta" de estas características, y, por el contrario, su historia parecen coincidir con los anuncios sobre el Jamedet (Amado, Deseado), el Mashij (Mesías, ungido), el Ben Daud (hijo de David), Shiló (el Pacífico), Shiloh (el Enviado), el Nabií (el Profeta) y demás caracteres aplicados al Salvador. Tampoco Yeshua dijo nada en contra de Mashah (Moisés), incluso explicó muchas de las leyes del Sinaí, como recogió el rabino Shem Tov (quien en su traducción del evangelio de Mateo para apologética contra el cristianismo reconocía que el nombre del nazareno era 'Yeshua' y asimismo 'Iehoshua'): «De nuevo les dijo: "Ustedes han oído lo que se dijo a los antiguos: 'No adulterarás'. Y yo les digo que todo el que mira a una mujer y la codicia ya ha adulterado con ella en (su) corazón. [...] De nuevo dijo Yeshúa a sus discípulos: "Ustedes han oído lo que se dijo a los antiguos que todo el que abandona a su esposa y se divorcia de ella debe darle un acta de divorcio [y en lengua extranjera, libelo de repudio]. Y yo les digo que todo el que abandona a su esposa debe darle un acta de divorcio. Pero en cuanto al asunto de adulterio, él es el que adultera y el que la tome a ella adultera". "De nuevo ustedes han oído lo que se dijo a los antiguos: 'No jurarás por mi Nombre falsamente, sino le cumplirás a YHWH tu juramento'. Y yo les digo que no juren en vano en ningún asunto, ni por el cielo porque es el trono de Elohim, ni por la tierra porque es el estrado de sus pies, ni por el cielo (o por Yerushalem) porque es la ciudad de Elohim, ni por tu cabeza porque no puedes hacer blanco o negro un solo cabello. Sino que sean sus palabras sí sí y también no no. [...], ustedes han oído lo que se dice en la Torah: 'Ojo por ojo, diente por diente'. Y yo les digo: No paguen mal por mal; sino al que te golpee en la mejilla derecha, preséntale la izquierda. [...] "Ustedes han oído lo que se dijo a los antiguos: 'Y amarás al que te ama y odiarás al que te odia". Y yo les digo: Amen a sus enemigos y hagan bien al que los odia y los molesta, y oren por los que los persiguen y los oprimen, para que ustedes sean hijos de su Padre que está en el cielo quien hace salir su sol sobre buenos y malos y hace llover sobre malvados y justos".» (Cap. 7:27-48)

¿Parece esto ridiculizar la ley de Moisés o mejorar la enseñanza y darle un carácter más dignificante al amor? Pero pensamos, a todas estas, ¿por qué su madre le llamó 'Ieshua' (salvación)? ¿Acaso Mariam, la hija de Ana y Joakim creía que su hijo sería un salvador? Según ella fue el ángel Gabriel quien le dijo que le llamase así, pero si hubiese querido decir que él sería el Mesías, ¿por qué no le llamó Imanu-El? El Salmo 7:17 (el 18 en la Tanak) nos dice, «Alabaré a Iaheveh conforme a su justicia, Y cantaré al nombre de Iaheveh Alion», y ahí la palabra 'Ieshua' vuelve a aparecer. ¿Puede un apóstata alabar a Iaheveh Alion (el Altísimo) y ser así considerado en las Sagradas Escrituras? Pero, ¿y qué si en vez de ser el Mesías ben David, el nazareno habría sido simplemente un gran profeta que fue interpretado erróneamente por sus seguidores como el Mesías? En la frase, «cantaré al nombre Iaheveh Alion», está el nombre 'Ieshua', ninguna referencia a un blasfemo (empero, ninguna en toda la Torah). ¿Podrían estar equivocados tanto judíos como cristianos en su idea sobre Jesucristo? En otro Salmo, el 34:14-15 - donde habla de buscar la paz, de los ojos de Dios sobre el justo y de cómo Él atiende a sus plegarias - la frase concreta que dice, «paz y perseguirla, los ojos de Iaheveh», está otra vez el nombre de aquel judío nazareno. El Salmo 35:9 nos habla del «regocijo en Iaheveh, exaltación en su salvación», pero el vocablo 'salvación', que tanto y tanto se repite respecto de Iaheveh, es en hebreo relativo a Ieshua (Jesús), porque los nombres dados a las personas en oriente tienen que ver directamente con su misión en la vida.

Es ilógico que Iaheveh - que todo lo sabe - no hubiese puesto advertencias sobre un tal impostor futuro – "Yeshua ha.Notzri" (Jesús de Nazaret) - que extraviaría a judíos y casi al mundo entero, siendo que el nazareno es el personaje más influyente y conocido de la historia. En cambio, todas las citas ocultas que hay en la Tanak sobre Ieshua (el nombre original de Jesús) hablan bien de él, como la referencia que dice «Iaheveh, mas tus mandamientos he hecho (cumplido), he mantenido (guardado)» (Salmo 119:166-167), donde aparece el nombre Ieshua en acrónimos, pero demás, el título de Shiló, aparece justo antes, en la frase «tu salvación he esperado, Iaheveh, y tus mandamientos». La propia frase que dice 'tu salvación', en hebreo es 'le.Ieshuatja', que contiene el nombre Ieshua. ¿Se trata de apariciones de la identidad del nazareno o simplemente referencias a la salvación si se cumple la ley? Claramente este nazareno tenía poderes más grandes que los que manifestaron Moisés o Elías, y no tiene ningún sentido pretender asumir que era Belcebú el que le respaldaba para realizar estas increíbles obras si después iba a glorificar a Dios y exaltar sus mandamientos, el amor al prójimo y el camino espiritual. Es totalmente absurdo.

Una y otra vez, las apariciones de 'el nazareno' y de 'Yeshua' siempre acompañan mensajes mesiánicos y de salvación en los códigos de las Escrituras, como el Salmo 121:2, que habla del socorro del Señor, y tiene el nombre del nazareno en la cita, «Iaheveh hizo los cielos y la Tierra», y se repite en el 124:8. Otro ejemplo, sobre el Nazareno se esconde en el Salmo 142:10-11, que dice «guía en tierra de rectitud, por razón de tu nombre». Otro caso que podría anexarse a este tesis gira en torno a Nehemías 11:3-4: En el rollo de Esdras-Nehemías se encuentra una cita que habla de los hijos de los siervos de Salomón y de hijos de Judah y de Benjamín en Jerusalem, ahí se esconde el nombre 'Ieshua' en la referencia «y los hijos de los siervos de Salomón mas en Jerusalem se asentaron». ¿Una casualidad? ¿Nada realmente? No existen las casualidades y mucho menos si hablamos de la redacción de las Sagradas Escrituras. ¿Qué podríamos decir de Génesis 48:15? En ese verso está el calificativo de 'ha.Notzri' con 10 letras de separación, y justamente dicho pasaje dice: «bendijo a Iosef, diciendo: El dios en cuya presencia anduvieron mis padres Abraham e Itzjak, el dios que me mantiene desde que yo soy hasta este día...» En Éxodo 17:6-10 los términos 'Ieshua' y 'Natzeret' están encriptados a través de 10 y 17 letras de separación, justo en el relato del milagro del agua que salió de la peña de Horeb y de la victoria sobre los amalecitas, donde el brazo de Moisés se mantenía firme. Igualmente vemos el nombre de Yeshua dos veces seguidas en Éxodo 18:21-23, con 4 letras equidistantes, justamente donde se nos habla de los jueces de buen nombre que fueron puestos para juzgar a Israel.

Así como Éxodo 24:2 nos habla de la presencia en que estuvo Moisés, y que codifica el nombre Yeshua; igualmente el 28 nos habla de las piedras del efod, el pectoral, las hombreras y demás cosas que tenía el sumo sacerdote para comunicarse con Dios; y en el verso

12, explícitamente, el nombre Ieshua vuelve a aparecer (con 7 letras de separación), junto con el vocablo 'Tashub' (regresa), separado por 11 letras. Según los apóstoles galileos, Yeshua fue puesto por Dios como juez de vivos y muertos (Hech. 10:42), quien es el «juez justo» (2ª Tim. 4:8), y eso coincide con el nombre 'Ieshua', que está codificado en la frase de "Jueces" 2:18, al referirse a los jueces que eran levantados en Israel y con quienes Iaheveh estaba. En Levítico 23:31-35 aparece un diálogo que nos habla de la santificación y celebración de la fiesta de Sukot (de los Tabernáculos, Tiendas o Cabañas), cruzados con el nombre 'Ieshua' dos veces (una con 6 letras y la otra con 26), así como los vocablos 'Sha' (cordero) y 'Shiló' – con 4 letras equidistantes -.

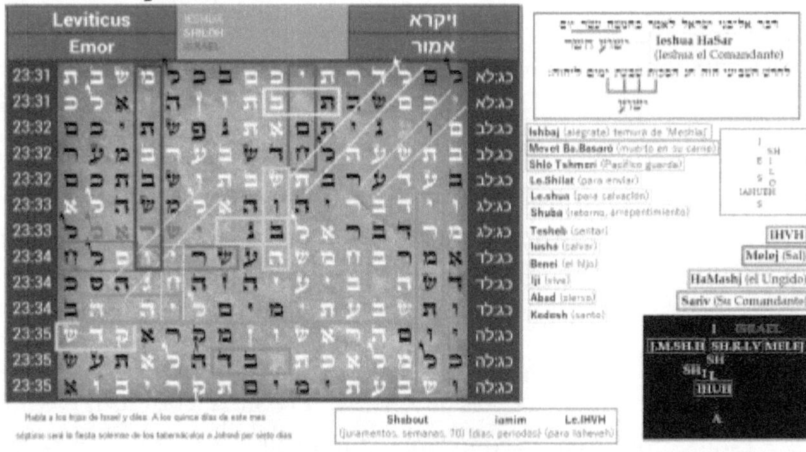

Otro caso es de Números 9:22, donde habla de la nube de la gloria de Dios que estaba sobre el Tabernáculo, y que contiene el nombre 'Ieshua' con 11 letras de separación, y asimismo en Números 28:28 al 29:1, y 29:8, que contienen los términos 'Shiloah' y 'Jamedet' (que se halla ahí 3 veces). El Mesías juega un roll importante en la enseñanza del amor altruista y la entrega a los demás, y un ejemplo es cuando Deuteronomio 15:11-13 nos habla de preocuparnos por los necesitados, y en el verso 11 está 'Natzeret' con 6 letras de separación, y del 12 al 13 el nombre 'Ieshua' abarcándolo todo con 30 letras equidistantes. Otro mensaje oculto sobre el Mesías, en su caso en el libro del profeta Ijezkel (Ezequiel), nos dice que en determinado momento su lengua se pegaría a su paladar (compárese con la otra profecía del Salmo 22:15) y ya no hablaría a Israel, ya que se habrían vuelto una casa rebelde; y en la frase «para ellos por varón que reprende» aparece el título 'Mashiaj', por lo que se puede interpretar que habría un momento en que al Mesías se pegaría a su paladar y ya no les regañaría más, pero en sí sería un hombre que reprendería a su pueblo por su rebeldía, y que coincide con la actitud de Yeshua hacia los dirigentes de su pueblo en aquel entonces (como asimismo se ve en el Salmo 50:7, donde la frase «escucha, pueblo mío, y te hablaré, Israel», que contienen el nombre 'Ieshua').

Es más, si comparamos este pasaje con la traducción de los sabios a la Septuaginta, dice que "para ellos" no sería un hombre 'reprobado' o 'convicto'. Es decir, no habla en un contexto general, por lo que parece insinuar que se daría la apariencia de que era un hombre culpable de crímenes que para los propios inquisidores realmente no serían ciertas, sino acusaciones falsas hechas para incriminarle. Entonces el espíritu de Adonai Iaheveh está sobre el Mesías, y es importante saber que muchas de las citas de la Tanak que hablan de «la mano de Iaheveh posada» sobre el profeta, codifican el nombre 'Ieshua', como en Ezequiel 8:1. En Deuteronomio aparece pocas veces el nombre de Yeshua ha.Notzri, pero en uno de los casos es en el capítulo 6:17, que nos dice: «Guarda cuidadosamente los mandamientos de Iaheveh vuestro dios, y sus testimonios y sus estatutos que te ha mandado.»

Sea por revelación o por conclusión personal a través de años de estudio de las Escrituras, muchos rabinos han afirmado haber descubierto que Yeshua ha.Notzri es el Mesías. Entre ellos han estado, el rabino Daniel Zion (un rabino de la comunidad judía de Bulgaria durante el Holocausto y juez en la Corte Rabínica de

Jerusalem en 1954); Samuel Isaac Joseph Schereschewsky (fundador de una Universidad en Shanghai y el traductor de la Tanak al chino); el rabino Shtern de Varsovia (que escapó del holocausto); el rabino Slostovsky (profesor en una escuela rabínica y el Secretario de la Corte Rabínica de Jerusalem, amigo del famoso rabino Kook); el rabino Wertheimer (rabino rico con grados académicos, que se convirtió en un orador muy popular); el rabino Yitzhak Lichtenstein (rabino regional en Hungría); el rabino Israel Zolli; el rabino Daniel Sion; el rabino Dr. Muller; el rabino Joseph Teichman; el rabino Daniel Weiss y otros muchos. Ellos han sido duramente criticados por demostrar su fe en Ieshua ben Iosef - el nazareno, el rabino y profeta que consideran el Mesías que estuvo acá y ha de regresar como ben David -, mientras una mayoría conserva esta creencia en secreto para no ser ridiculizados, expulsados de la sinagoga o la comunidad, o para no perder su reputación y respeto social. En diciembre de 2015 un histórico documento, redactado por 25 destacados rabinos ortodoxos de Israel, EE.UU. y Europa, recogió en sólo una semana la firma de más de 2.000 rabinos ortodoxos, donde reconocían que teológicamente el cristianismo es parte del plan de Dios para la humanidad, ya que «Dios emplea muchos mensajeros para revelar su verdad».

Por el contrario, el Talmud tiene una idea un tanto diferente de Yeshua, y se reconoce que aunque le llaman 'Ieshu', en la obra 'Toldot Yéshu' se dice que su nombre original fue 'Yahoshúa' (Josué, Ioshua, Ihsous) y que luego se le cambió a 'Yeshúa' (Jesús, Jesúa, Ihsous). En estos textos se generalmente se le aplican al Nazareno epítetos peyorativos como "el mamzer" (el bastardo), y otros, y sobrenombres como "Balaam", pero regularmente se le dice 'ben Pandera' (o 'Pantera') o 'ben Stadá'. En esto el Talmud viola su propia regla sobre el "lashón hará" (lengua calumniadora) porque casi todos los datos negativos específicos que ofrece sobre el Nazareno y sus discípulos son calumnias. En un debate sobre marcarse la piel y el Shabat,

'Shabbath 104b' (también discutido en Sanedrín 67ª), de tradición que Rabí Eliécer dijo a los Sabios, refiere: «'¿No trajo Ben Stadá hechizos de Egipto en un corte que había en su carne?' Ellos le dijeron: 'Él fue un necio y no se trae una prueba de un necio'. [Ben Stadá es Ben Pandera. Rav Jisdá dijo: 'El esposo era Stadá, el amante era Pandera'. El esposo era Papos ben Yehudah, la madre era Stadá. La madre era Miryam la arregladora de cabello de las mujeres, como decimos en Pumbedita: "La tal ha sido infiel a su esposo".]» En 'Sanedrín 100ª', Rabí Yojanán dijo [concerniente a "Balaam"], «Al principio un profeta, al final un engañador», y Rav Papa dijo: «Esto es lo que dicen: Ella fue la descendiente de príncipes y gobernantes, ella jugó a la ramera con carpinteros.» Esta es una alusión a Mariam, su madre, y aunque despectiva, reconoce que ella venía de ascendencia de renombre.

La mayoría de referencias del Talmud sobre Yeshua son ambiguas y enrevesadas, pero algunas son muy directas: «Yeshúa el Nazareno practicó la magia y extravió y engañó a Israel». ¿Cuál era la magia que practicaba? ¿En qué extravió a Israel? ¿Expulsar demonios? «Pero algunos de ellos decían: Por Beelzebú, príncipe de los demonios, echa fuera los demonios. Otros, para tentarle, le pedían señal del cielo. Mas él, conociendo los pensamientos de ellos, les dijo: Todo reino dividido contra sí mismo, es asolado; y una casa dividida contra sí misma, cae. Y si también Satanás está dividido contra sí mismo, ¿cómo permanecerá su reino? ya que decís que por Beelzebú echo yo fuera los demonios. Pues si yo echo fuera los demonios por Beelzebú, ¿vuestros hijos por quién los echan? Por tanto, ellos serán vuestros jueces. Mas si por el dedo de Dios echo yo fuera los demonios, ciertamente el reino de Dios ha llegado a vosotros.» (Lucas 11:15-20, R60) La pretensión de que expulsaba demonios por poder de Lucifer haría suponer que el propio maligno expulsaba a su propia gente, ¿con qué ganancia? ¿Resultar convincente? Si Yeshua sanaba todo tipo de enfermedades y dolencias y daba la gloria a Dios, ¿qué beneficio sacaba Satán de todo eso?

Los pasajes talmúdicos que hablan de Yeshua parecen un enrevesado de palabras crípticas escritas de tal manera que disimuladamente no pretendan decir nada para los no adeptos, pero profundamente querer decirlo todo, como por ejemplo en Sanhedrín 103ª, donde Rab Jisda dijo que Rab Jeremiah bar Abba había afirmado que «no puedes tener un hijo o un discípulo que queme su comida en público como Yeshu el Nazareno». ¿Quemar su comida en público? Las partes donde los escritos talmúdicos hacen uso de esta idea, según R. Travers Herford (de su libro 'Christianity in Talmud and Midrash', Editorial Ketav Publishing House, Inc., New York), es para referirse a "traer deshonra sobre uno mismo" o "hacer caer su nombre en desgracia" o "crearse mala reputación"; En este caso la idea es que el Nazareno, por sus obras y enseñanzas, se hizo sospechoso de herejía a los ojos de los fariseos de su tiempo. Pero la cosa tiene connotaciones más profundas y delicadas, ya que el nombre 'ben Stadá', usado para la misma figura, es explicado por Peter Schäfer como una referencia al supuesto adulterio de su madre: «El verdadero nombre de su madre era Miriam, y "Stada" es un epíteto que deriva de la raíz hebrea/aramea 'sat.ah/sete' ("desviarse del camino correcto, desviarse, ser infiel"). En otras palabras, su madre Miriam también fue llamada "Stada" porque era una sotah, una mujer sospechada, o más bien condenada, de adulterio.» (Jesus in the Talmud, 2009)

El Talmud refiere lo que ya se decía desde el principio entre los que supieron sobre la concepción de Mariam: «"¿Jesús, hijo de Stada, es Jesús, hijo de Pandira?", - Rav Hesda dijo: "El marido era Stada y el amante era Pandera". - Pero, ¿no era el marido Pappos hijo de Yehuda y la madre Stada? - No, su madre era Miriam, que dejaba que su pelo creciera mucho y se llamaba Stada.» (Talmud Shabat 104b, Sanedrín 67a) Pumbedita dice acerca de ella: «Ella fue infiel a su marido.» Ya Iosef, esposo de Mariam, había sabido que su mujer concibió, y el niño no era suyo: «El nacimiento de Jesucristo fue así: Estando desposada María su madre con José, antes que se juntasen, se halló que había concebido del Espíritu Santo. José su marido, como era justo, y no quería infamarla, quiso dejarla secretamente. Y pensando él en esto, he aquí un ángel del Señor le apareció en sueños y le dijo: José, hijo de David, no temas recibir a María tu mujer, porque lo que en ella es engendrado, del Espíritu Santo es. Y dará a luz un hijo, y llamarás su nombre JESÚS, porque él salvará a su pueblo de sus pecados. Todo esto aconteció para que se cumpliese lo dicho por el Señor por medio del profeta, cuando dijo: He aquí, una virgen concebirá y dará a luz un hijo, Y llamarás su nombre Emanuel, que traducido es: Dios con nosotros. Y despertando José del sueño, hizo como el ángel del Señor le había mandado, y recibió a su mujer.» (Mat. 1:18-24, R60)

El Talmud también recoge que «el sábado y la víspera de la Pascua, Jesús Nazareno fue ahorcado y un heraldo salió delante de él cuarenta días anunciando: "Jesús, el Nazareno, va a ser apedreado porque practicó la brujería y instigó y sedujo a Israel a la idolatría. Sabe que cualquier cosa en defensa puede venir y declararlo". Pero como no hallaron nada en su defensa, lo ahorcaron (víspera del sábado) y la víspera de la Pascua.» Ulla dijo: «¿Cree usted que Jesús el Nazareno fue uno para quien una defensa podría ser hecha? Era un mesit (alguien que instigó a Israel a la idolatría), sobre la que el Misericordioso [Dios] dice: No le muestre compasión y no (Deuteronomio 13:9) Con Yeshua, el Nazareno, era diferente, porque estaba cerca del gobierno.» ¿Sedujo a la idolatría? ¿Hacia quién? «Le dijo la mujer: Señor, me parece que tú eres profeta. Nuestros padres adoraron en este monte, y vosotros decís que en Jerusalén es el lugar donde se debe adorar. Jesús le dijo: Mujer, créeme, que la hora viene cuando ni en este monte ni en Jerusalén adoraréis al Padre. Vosotros adoráis lo que no sabéis; nosotros adoramos lo que sabemos; porque la salvación viene de los judíos. Mas la hora viene, y ahora es, cuando los verdaderos adoradores adorarán al Padre en espíritu y en verdad; porque también el Padre tales adoradores busca que le adoren. Dios es Espíritu; y los que le adoran, en espíritu y en verdad es necesario que adoren.» (Juan 4:19-24, R60)

Yeshua no buscaba que le adorasen o idolatrasen, no buscaba su propia honra sino que los hombres tuviesen una relación con Dios como padre, y a él honrasen y adorasen, y si es culpable de estar convencido de ser enviado de Dios, ¿deben ser los hombres los que han de juzgarle o debe ser Dios?: «¿Eres tú acaso mayor que nuestro padre Abraham, el cual murió? ¡Y los profetas murieron! ¿Quién te haces a ti mismo? Respondió Jesús: Si yo me glorifico a mí mismo, mi gloria nada es; mi Padre es el que me glorifica, el que vosotros decís que es vuestro Dios. Pero vosotros no le conocéis; mas yo le conozco, y si dijere que no le conozco, sería mentiroso como vosotros; pero le conozco, y guardo su palabra. Abraham vuestro padre se gozó de que había de ver mi día; y lo vio, y se gozó. Entonces le dijeron los judíos: Aún no tienes cincuenta años, ¿y has visto a Abraham? Jesús les dijo: De cierto, de cierto os digo: Antes que Abraham fuese, yo soy. Tomaron entonces piedras para arrojárselas; pero Jesús se escondió y salió del templo; y atravesando por en medio de ellos, se fue.» (Juan 8:53-59, R60) Sanhedrin 43a [68] relata el juicio y la ejecución de un hechicero llamado Jesús (Yeshu en el vocabulario moderno hebreo) y sus cinco discípulos. El brujo es apedreado y colgado en la víspera de la Pascua; En Gittin 56b, 57a [72] se menciona una historia en la que Onkelos convoca al espíritu de un Yeshu que buscaba dañar a Israel. Él describe su castigo en la otra vida como hirviendo en excrementos.

De cualquier manera, la mayoría de citas sobre Yeshua en el Talmud no corresponden con los hechos ocurridos, son incongruentes, mezclan fechas distintas y personas distintas, y carecen de apoyo histórico, mostrando más una saña y fijación personal que una aportación documentada. Y es entendible que ese odio hubiese existido y aún exista, y no porque Yeshua fuese una mala persona, un apóstata o un falso profeta, sino por el ridículo que hacía pasar a los líderes al ponerlos en evidencia públicamente: «Ni seáis llamados maestros; porque uno es vuestro Maestro, el Mesías. El que es el mayor de vosotros, sea vuestro siervo. Porque el que se enaltece será humillado, y el que se humilla será enaltecido. Mas ¡ay de vosotros, escribas y fariseos, hipócritas! porque cerráis el reino de los cielos delante de los hombres; pues ni entráis vosotros, ni dejáis entrar a los que están entrando. ¡Ay de vosotros, escribas y fariseos, hipócritas! porque devoráis las casas de las viudas, y como pretexto hacéis largas oraciones; por esto recibiréis mayor juicio. ¡Ay de vosotros, escribas y fariseos, hipócritas! porque recorréis mar y tierra para hacer un prosélito, y una vez hecho, le hacéis dos veces más hijo del Gehena que vosotros. ¡Ay de vosotros, guías ciegos! que decís: Si alguno jura por el templo, no es nada; pero si alguno jura por el oro del templo, es deudor. ¡Insensatos y ciegos! porque ¿cuál es mayor, el oro, o el templo que santifica al oro? También decís: Si alguno jura por el altar, no es nada; pero si alguno jura por la ofrenda que está sobre él, es deudor.»

Con este tipo de acusaciones delante de todo el pueblo, ridiculizándoles y exponiéndolos abiertamente, es de entender que estas personas detestasen a Yeshua y le quisiesen muerto, «¡Necios y ciegos! porque ¿cuál es mayor, la ofrenda, o el altar que santifica la ofrenda? Pues el que jura por el altar, jura por él, y por todo lo que está sobre él; y el que jura por el templo, jura por él, y por el que lo habita; y el que jura por el cielo, jura por el trono de Dios, y por aquel que está sentado en él. ¡Ay de vosotros, escribas y fariseos, hipócritas! porque diezmáis la menta y el eneldo y el comino, y dejáis lo más importante de la ley: la justicia, la misericordia y la fe. Esto era necesario hacer, sin dejar de hacer aquello. ¡Guías ciegos, que coláis el mosquito, y tragáis el camello! ¡Ay de vosotros, escribas y fariseos, hipócritas! porque limpiáis lo de fuera del vaso y del plato, pero por dentro estáis llenos de robo y de injusticia. ¡Fariseo ciego! Limpia primero lo de dentro del vaso y del plato, para que también lo de fuera sea limpio. ¡Ay de vosotros, escribas y fariseos, hipócritas! porque sois semejantes a sepulcros blanqueados, que por fuera, a la verdad, se muestran hermosos, mas por dentro están llenos de huesos de muertos y de toda inmundicia. Así también vosotros por fuera, a la verdad, os mostráis justos a los hombres, pero por dentro estáis llenos de hipocresía e iniquidad.»

«¡Ay de vosotros, escribas y fariseos, hipócritas! porque edificáis los sepulcros de los profetas, y adornáis los monumentos de los justos, y decís: Si hubiésemos vivido en los días de nuestros padres, no hubiéramos sido sus cómplices en la sangre de los profetas. Así que dais testimonio contra vosotros mismos, de que sois hijos de aquellos que mataron a los profetas. ¡Vosotros también llenad la medida de vuestros padres! ¡Serpientes, generación de víboras! ¿Cómo escaparéis del juicio del Gehena? Por tanto, he aquí yo os envío profetas y sabios y escribas; y de ellos, a unos mataréis y crucificaréis, y a otros azotaréis en vuestras sinagogas, y perseguiréis de ciudad en ciudad; para que venga sobre vosotros toda la sangre justa que se ha derramado sobre la tierra, desde la sangre de Abel el justo hasta la sangre de Zacarías hijo de Berequías, a quien matasteis entre el templo y el altar. De cierto os digo que todo esto vendrá sobre esta generación. ¡Jerusalén, Jerusalén, que matas a los profetas, y apedreas a los que te son enviados! ¡Cuántas veces quise juntar a tus hijos, como la gallina junta sus polluelos debajo de las alas, y no quisiste! He aquí vuestra casa os es dejada desierta. Porque os digo que desde ahora no me veréis, hasta que digáis: Bendito el que viene en el nombre del Señor.» (Mat. 23:10-39, R60)

EL GALILEO ANTES DE MOSTRARSE A ISRAEL

Miremos rápidamente la historia del nazareno, de forma breve, según las fuentes conocidas – no tantas ambigüedades que, aunque coinciden con aceptar que los judíos no dejaba de recordar a Yeshua – aunque con mal sabor de boca -, no sirven como fuentes históricas por sus incoherencias), para compararlas con las enseñanzas del rey David. Se sabe que Yeshua, antes de comenzar su ministerio estuvo en varios países, y hay algunos relatos aquí y allá que cuentan algunas de sus enseñanzas antes de llegar al Iarden (Jordán) y ser bautizado por Iojanan (Juan) hijo de Zacarías e ir, seguidamente, a ayunar al desierto para empezar lo que se define como su ministerio. En un templo de Lhasa, afirmó un expedicionario ruso en el siglo XVIII, que le mostraron un grabado central que decía: «Issa es el mayor sabio que ha existido» ¿Issa? Es la forma árabe de llamar a Yeshua-Jesús, dado que es la configuración fonética de Ieshua en árabe, y es de entender que pasase al sonido tibetano de manera semejante. ¿Qué hacía Yeshua allá? En su caso, pueblos como los mayas, aztecas, incas y jopi sabían de Yeshua antes de la conquista española, solo que, como en otras culturas, no le llamaban por su nombre hebreo ('Ieshua' o 'Iehoshua', que pasó a Jesua, Iesous, Ihsous, Jesus), sino según su propia lengua y concepción.

En un supuesto diálogo recogido posteriormente, se puede leer una conversación de Yeshua con los grandes sabios de aquel entonces: «Vuestra pureza en el culto y en la vida complace a Dios, y vuestro maestro Zaratustra es digno de alabanza. Bien decís que hay un Dios de cuya grandeza salieron los 7 espíritus que crearon el cielo y la tierra; y estos grandes espíritus se manifestaron a los hijos de los hombres en el sol, la luna y las estrellas. Pero en vuestros libros sagrados se dice que dos de estos siete tienen una fuerza superior, y que uno de ellos creó el bien y otro el mal. Venerados maestros, os ruego que me digáis cómo puede nacer el mal de algo que es completamente bueno. Entonces se levantó un mago y dijo: Si me contestas, tu problema estará resuelto. Todos reconocemos el hecho de que existe un mal. Y todo lo que existe debe tener una causa, así que Dios, el Uno, no creó el mal, ¿qué Dios lo creó? Y Jesús dijo: Todo los que Dios, el Uno, ha hecho es bueno, al igual que la primera causa, los 7 espíritus son todos buenos, y todo lo que sale de su mano es bueno. Todas las cosas creadas tienen ciertos colores, tonos y formas propias; pero algunos tonos, aunque buenos y puros en sí mismos, producen desarmonías y tonos desacordes al ser mezclados. Y algunas cosas, siendo buenas y puras, producen cosas discordantes cuando se mezclan, cosas venenosas que los hombres llaman malas. Por eso el mal es la mezcla desarmónica de colores, tonos o formas del bien. El hombre no es totalmente sabio, y sin embargo tiene voluntad propia. Tiene y usa el poder de mezclar las cosas buenas de Dios de múltiples formas, y todos los días crea sonidos discordantes y cosas malas. Y todos los tonos y formas del bien o del mal se convierten en algo vivo, ya sea demonio, duende, espíritu bueno o maligno. Así es como el hombre crea a su demonio, y luego siente miedo de él y huye; su demonio se vuelve más valiente que él, le persigue y arroja fuegos que le torturan. Tanto el demonio como esos fuegos ardientes son creaciones del hombre, y nadie puede apagar esos fuegos ni disipar al maligno, si no es el hombre que los creó.» (Vida y Obras de Jesús en el Tíbet y la India Occidental 4:5-18)

Si Yeshua estuvo en todos estos lugares, antes y después de su misión en Judeah y Galilea, ¿no debería hacerse énfasis más en sus enseñanzas y carácter médico que en buscar pretextos sacados de tono – e innecesarios – para dañar su figura (una figura que, empero, es la más grande y respetada de todos los hombres de la historia)? «Yo no vengo aquí a hablaros de ciencia, de filosofía o arte; de todo esto, vosotros sois ahora los más grandes maestros del mundo. Mas todos vuestros grandes talentos no son sino escalones que conducen a mundos que existen más allá del reino de los sentidos: esos talentos vuestros no son sino sombras ilusorias que se mueven sobre las paredes del tiempo. Así, pues, yo querría hablaros de una vida superior, interna, una vida real e imperecedera. En la ciencia y en la filosofía no hay poder bastante para capacitar a un alma a reconocerse a sí misma o para comunicarse con Dios. Yo no quisiera detener la marcha de vuestras grandes corrientes de pensamiento, sino más bien querría orientarlas hacia los senderos del alma. Sin la ayuda del hálito espiritual, el trabajo del intelecto tiende solamente a resolver los problemas de las cosas que vemos, y nada más. Los sentidos fueron creados para trasladar a la mente solo representaciones de las cosas perecederas; ellos nada tienen que ver con las cosas reales; ellos no comprenden la ley eterna. Mas el hombre tiene algo en su alma, un algo que rasgará en dos el velo, para que pueda ver el mundo de las cosas reales. A este algo le llamamos consciencia espiritual; ella duerme en cada alma y no puede ser despertada hasta que se recibe el Santo Espíritu como a un huésped bienvenido. Este Santo Espíritu llama a las puertas de cada alma; pero no puede entrar sino hasta que la voluntad del hombre le abre de par en par la puerta. En el intelecto no hay ningún poder para dar vuelta a la llave; la filosofía y la ciencia se han esforzado mucho por llegar a tener un vislumbre de lo que hay tras el velo; mas han fracasado. El resorte secreto que abre de par en par las puertas del alma, puede ser tocado solamente por la pureza en la vida, por la oración y por la elevación de pensamiento.» (Vida y Obras de Jesús en Grecia)

Pero hay algo que rara vez se discute respecto de Yeshua, sea entre creyentes o no creyentes, y es su papel de médico. En una supuesta carta de Tiberio César, que pertenece a los registros de Vaticano y la Biblioteca del Congreso de los EE.UU., el entonces emperador romano habría enviado a un tal Volusiano - asistente suyo - a buscar por Yeshua, «este médico», para que le curase de dolencias que le aquejaban. Lamentablemente - según refiere la carta - Pilatos ya había condenado a Yeshua cuando Volusiano llegó a Judeah. El carácter "mágico" que se da a las obras de Yeshua, por un lado crean una enorme brecha entre el hombre y Dios, para los que no creen, viendo esto como fantasía, y para los que creen, como un acto divino natural del Señor y más allá de las capacidades de un mortal. No obstante, esta idealización tira por tierra las propias palabras de Yeshua, al afirmar: «el que cree en mí, él también hará las obras que yo hago. Y mayores que éstas hará, porque yo voy al Padre.» (Juan 14:12, RVA 95) Bastantes personas se limitarían a asumir que esto es solo por obra poderosa del Espíritu Santo, pero dado que Yeshua desde el bautismo con Juan estaba «lleno del Espíritu Santo», ¿qué lógica tiene que hubiese sanado a un ciego frotando sus ojos en barro con saliva, y no solo con su palabra milagrosa, o que a un sordo y tartamudo le metiese los dedos en los oídos y tocase su lengua para sanarlo? Más que un dios, parecería obra de un médico que sabe lo que hace (usando en ambos casos las propiedades de la saliva para sanar a ambos individuos).

El aspecto médico de Yeshua aún hoy es visto como mágico, y los judíos enemigos de su imagen siguen utilizando etiquetas de mago y poseído para justificar sus milagros delante de los israelíes y religiosos. Cualquier título despectivo sería suficiente para desquitarse de sus propios defectos, para no reconocer hechos contrastados. Sería como decir que el mundo cristiano, judío y musulmán creen en Dios por libros, y no por testimonios personales, siendo que no todas las personas leen, ni todas conocen las antiguas historias ni iban a creer sin ningún tipo de constante aliciente que produzca y mantenga esa fe. Desde la escritura del Apocalipsis hasta ahora han ocurrido tantos testimonios de la obra del Espíritu Santo en millones de personas, al grado que ni la escritura de cien nuevas biblias sería suficiente para recoger todos los casos. El problema es que se discuten estas materias bajo el prisma de la clásica filosofía pre-socrática, que no creía en el alma ni en la existencia más allá de esta vida, y porque se ha ignorado el componente de la mente como fuente de los fenómenos del mundo material. Eso es lo que pasa: que quienes no creen en lo espiritual y lo psíquico no pueden, por extensión, dar cabida en su mente a todo el resto de hechos históricos, narrados dentro y fuera de la biblia.

Se dice que a mediados del siglo IV d. e. c. Jerónimo de Estridón comenzó a encontrar trozos de algunos manuscritos antiguos en poder de unos anacoretas que vivían en cabañas en un valle escondido del desierto de Calkis. Se afirma que a medida que aprendía hebreo y arameo empezó a entender el significado de los pergaminos fragmentados y poco a poco comenzó a reunir más. Durante los años siguientes los habría estado traduciendo al latín. Toda una vida de intensa dedicación a la vía del desierto estaría especialmente orientada al denominado 'Evangelio Esenio de la Paz'. En dicho texto Yeshua ha.Notzri juega un papel de médico, estrictamente hablando, sin usar ningún tipo de poder curativo mágico, queriendo enseñar a la comunidad que le oía sobre la responsabilidad y conciencia del propio individuo de su situación, la razón por la cual llegó ahí (la enfermedad, dolencias, etc.) y cómo librarse de lo que le aqueja. ¿No podía Yeshua ser realmente un médico? Si los que eran sanados glorificaban a Dios, ¿dónde estaba lo malo? «Vino a él un leproso, rogándole; e hincada la rodilla, le dijo: Si quieres, puedes limpiarme. Y Jesús, teniendo misericordia de él, extendió la mano y le tocó, y le dijo: Quiero, sé limpio. Y así que él hubo hablado, al instante la lepra se fue de aquél, y quedó limpio. Entonces le encargó rigurosamente, y le despidió luego, y le dijo: Mira, no digas a nadie nada, sino ve, muéstrate al sacerdote, y ofrece por tu purificación lo que Moisés mandó, para testimonio a ellos.» (Mar. 1:40-44, R60)

¿CUÁNDO DEBÍA APARECER EL MESÍAS?

Como ocurre con la Abominación Desoladora, hay los que argumentan que esto no es sobre el mismo evento, sino sobre la cautividad de Babilonia, pero el pasaje es explícito al decir que «quede desierta; no será podada ni cavada», y lo que hizo Nabukanetzar II (Nabucodonosor) fue lo que los grandes imperio hacían en esas condiciones, llevarse lo mejor de lo mejor, pero dejar a los más pobres para que continuasen labrando la tierra de modo que no se muriese y quedase desierta. El pasaje de Isaías 5 es claramente una alusión al postrer estado de Judeah tras la Abominación Desoladora. Esto empezó 30 años después del asesinato de Yeshua ha.Notzri, dando total sentido a sus palabras: «Cuando Jesús salió del templo y se iba, se acercaron sus discípulos para mostrarle los edificios del templo. Respondiendo él, les dijo: ¿Veis todo esto? De cierto os digo, que no quedará aquí piedra sobre piedra, que no sea derribada.» (Mat. 24:1-2, R60) Aquel mismo día, horas antes, cuando iba a entrar a la ciudad, ya lo había anunciado: «Y cuando llegó cerca de la ciudad, al verla, lloró sobre ella, diciendo: ¡Oh, si también tú conocieses, a lo menos en este tu día, lo que es para tu paz! Mas ahora está encubierto de tus ojos. Porque vendrán días sobre ti, cuando tus enemigos te rodearán con vallado, y te sitiarán, y por todas partes te estrecharán, y te derribarán a tierra, y a tus hijos dentro de ti, y no dejarán en ti piedra sobre piedra, por cuanto no conociste el tiempo de tu visitación.» (Luc. 19:41-44, R60)

¿Cómo podía saber Yeshua lo que le iba a ocurrir 3 décadas después a Jerusalem de no haber sido él un profeta? ¿Será que los religiosos judíos tienen razón, y él era un brujo, y por eso sabía esto? Lo que está claro es que la misma profecía de Génesis 49:10 advirtió que la ley (el legislador) quedaría invalidada, y así fue porque el templo fue destruido, el arca desapareció, los levitas fueron dispersados, los que conspiraron contra Jesucristo murieron (Salm. 63:8-10) – como ellos mismos habían deseado -, los utensilios del templo fueron robados, la ciudad santa fue profanada y hasta hoy no han vuelto los sacrificios y las ofrendas, ni hay sacerdocio, ni hay arca de la alianza ni hay templo. Pero pensamos una cosa, Yeshua ha.Notzri estaba diciendo que Jerusalem sería destruida porque "no reconoció el momento de su visitación", asumiendo que eso ocurrió sobre la ciudad porque no creyeron en él. Aún más, como recoge el propio Evangelio de Mateo del judío Baal Shem Tov, en el capítulo 27:24-25, la sangre de Yeshua recayó sobre Jerusalem por condenarle a la muerte, por asesinar a un hombre justo: «Y Pilatos cuando vio que no tenía poder de resistencia y no podía hacer ninguna paz con ellos, antes de que surgiera una gran disputa entre el pueblo, cogió agua y se lavó las manos delante del pueblo y dijo: ¡Soy inocente (de la sangre). Tengan cuidado con lo que hacen". Y todo el pueblo respondió y dijo: "¡Su sangre será sobre nosotros y sobre nuestra simiente!"»

David lo dijo, anunció que los que conspiraron contra el Ungido serían asesinados: «Porque has sido mi socorro, Y así en la sombra de tus alas me regocijaré. Está mi alma apegada a ti; Tu diestra me ha sostenido. Pero los que para destrucción buscaron mi alma caerán en los sitios bajos de la tierra. Los destruirán a filo de espada; Serán porción de los chacales.» (Salmo 63:7-10, R60) Daniel habló muy claro de este tema, advirtiendo que después de sus días en Babilonia su pueblo regresaría y reconstruirían la ciudad y el templo, luego el Mesías sería asesinado, una vez más el templo y la ciudad serían destruidos por un "príncipe" (Tito Flavio Sabino, hijo de Vespasiano emperador de Roma), y serían arrasados como una inundación (las legiones romanas). Este fue el anuncio de la Abominación Asoladora. Acorde a las palabras explícitas del santo profeta Daniel, habría 7 pautas y otras 62 desde que Ciro el Grande diese la orden de que los judíos regresasen a Judeah hasta la llegada del 'Mashiaj Nagid' (Mesías Príncipe), pero esos periodos, definidos como 'Shbaim' (juramentos, semanas, conjuraciones, setenta), ¿cómo se computaban? Muchos expertos han usado sus conocimientos matemáticos para descifrar este cálculo, y han llegado, en su mayoría, a la conclusión de que se trató del periodo de 490 (70 x 70) años, desde la reconstrucción del Segundo Templo. Así decía Daniel: "desde la orden dada" y la "reedificación".

Si bien, el Segundo Templo, cuya obra fue dirigida por Zorobabel, fue concluido sobre el 515 a. e. c., por lo que la cifra propuesta de 490 años desde ahí habría llegado al año 25 a. e. c. En consecuencia, el siguiente paso de dicho seguimiento nos ubica en el periodo herodiano, y evidentemente ninguno de la estirpe de Herodes fue el Mesías. El primero de ellos fue Herodes el Grande, que reinó desde el 37 a. e. c. hasta el año 4 a. e. c., y sus hijos continuaron hasta el año 92 d. e. c., cuando esta dinastía desapareció y no hubo más reinado en Judeah hasta el presente (aún cuando la monarquía legítima de Judeah había ya desaparecido en el siglo VII a. e. c.). De acuerdo con Daniel, concluidas estas "setenta semanas", el Mesías sería asesinado, «mas no por sí», es decir, debía morir. ¿Cómo así que esto debía ocurrir? La Tanak recoge las referencias suficientes para dejar de manifiesto que era necesario que el Mesías sufriese y fuese asesinado, y eso era parte de un plan divino. El profeta de la deportación agregó que al ocurrir este crimen vendría un pueblo extranjero que acabaría con «la ciudad y el santuario» (Dan. 9:26), por lo que sabemos de más que se trató de la Primera Guerra Judeo-romana (66-70 d. e. c.). Esto solo nos deja pocos candidatos a considerarse como el 'Mashiaj Nagid', aquel 'Mashij' (ungido) del que abiertamente anunció Daniel, pero además de advertir del destino de Jerusalem y del templo, anunció que asimismo «Con cataclismo será su fin, y hasta el fin de la guerra está decretada la desolación.»

No solo sería arrasada Jerusalem y el templo, sino que habría guerra y la desolación vendría hasta el mismísimo final de la misma, o sea, casi 70 años (tres guerras a lo largo del 66 y el 135 a. e. c.). Sin embargo, hay más cosas que anunció: en el verso 27, Daniel nos dice que «fortalecerá un pacto para muchos [en] una semana», pero, ¿si le asesinaron, cómo se supone que el Mesías iba entonces a hacer cualquier cosa? Daniel pudo confundirse a la hora de la narración, y haber querido terminar de explicar la temática sobre la Abominación Desoladora antes de seguir hablando sobre el Mesías. De ser así, el Ungido habría fortalecido un 'Brit' (pacto) en el breve periodo en el que parece que estuvo en Judeah, y el pasaje no dice que fortalecería el pacto ya conocido, sino "uno" en sí, lo cual cumple el anuncio del profeta Jeremías, cuando dijo: «He aquí que vienen días, dice Iaheveh, en los cuales haré nuevo pacto con la casa de Israel y con la casa de Judah. No como el pacto que hice con sus padres el día que tomé su mano para sacarlos de la tierra de Egipto; porque ellos invalidaron mi pacto...» (Jer. 31:31-32, R60) Según el profeta Jeremías, este Nuevo Pacto o Nueva Alianza no sería basada en una ley animal o escrita, sino una moral, marcada en los corazones y basada en la conciencia.

Nuevamente Yeshua ha.Notzri mostró aparentemente ser muy astuto, si pretendía engañar a los judíos, porque la noche de la Pascua que fue entregado, anunció que desde ese momento el pan y el vino representarían, respectivamente, su cuerpo y su sangre, que serían sacrificados: «Y tomando la copa, y habiendo dado gracias, les dio, diciendo: Bebed de ella todos; porque esto es mi sangre del nuevo pacto, que por muchos es derramada para remisión de los pecados. Y os digo que desde ahora no beberé más de este fruto de la vid, hasta aquel día en que lo beba nuevo con vosotros en el reino de mi Padre.» (Mat. 26:27-29, R60) Uno de los discípulos de Yeshua ha.Notzri pareció haberse enterado de una conversación privada del Sanedrín, en la que discutían sobre lo que se debía hacer con el nazareno: «Entonces Caifás, uno de ellos, sumo sacerdote aquel año, les dijo: Vosotros no sabéis nada; ni pensáis que nos conviene que un hombre muera por el pueblo, y no que toda la nación perezca. Esto no lo dijo por sí mismo, sino que como era el sumo sacerdote aquel año, profetizó que Jesús había de morir por la nación; y no solamente por la nación, sino también para congregar en uno a los hijos de Dios que estaban dispersos. Así que, desde aquel día acordaron matarle.» (Juan 11:49-53, R60) La versión de los opositores del nazareno era que el anuncio de que era el heredero de David, provocaría a Roma, que verían en Yeshua un peligro si era proclamado rey (especialmente si ese "rey" iba a liberara a Israel de manos de sus enemigos).

Además del anuncio de que el Mesías fortalecería o daría vida y vigor a este pacto que él traería, también Daniel anunció que aparentemente a la mitad de ese periodo en que ese pacto se activaría, el sacrificio continuo cesaría. Si nos basamos en la historia escrita, ese momento tuvo lugar cuando las legiones romanas sitiaron Jerusalem en la Pascua del año 67 d. e. c. Daniel habla del 'Zebej' (sacrificios) y el 'Minjah' (ofrendas), y Tito Flavio Josefo nos refuerza esta versión de los hechos al dar los detalles en 'Las Guerras de los Judíos', y es innegable que hasta el presente nunca más se han realizado sacrificios y ofrendas en Israel (por eso desean reconstruir el templo y su altar, y reiniciar estos ritos). Inmediatamente tras esto, nos dice Daniel, «con la muchedumbre de las abominaciones vendrá el desolador, hasta que venga la consumación, y lo que está determinado se derrame sobre el desolador.» (Dan. 9:27, R60) Entonces, según él, la asolación sobre Judeah solo fue el principio del fin, ya que tras su final, debe venir el juicio sobre "el desolador", venir la siguiente parte de la Redención. Ergo, si el "desolador" fue el imperio romano, ¿no se supone que el mismo cayó hace mucho? Como he tratado en otros libros, el poder romano aún permanece, y busca el levantamiento de un Nuevo Orden Mundial a través del cual cobrará un poder máximo sobre la Tierra. Baruc lo dijo en su momento: «este reino será destruido una vez que destruyeron Sión, y será sometido a lo que viene después» (2ª Baruc 39:3)

Daniel habló sobre ese nuevo pacto, y justamente la palabra 'Sheol' (inframundo) o 'Ha.Sheol' (el inframundo) aparece en la cita «para muchos una semana, y mitad de la semana», que coincide con la interpretación histórica del momento en que Yeshua ha.Notzri estuvo en el Hades, y que encajan a la perfección con los vaticinios de David. En Levítico 10:12 nos habla de los sacerdotes (consagrados a lo espiritual) haciendo parte del sacrificio totalmente sagrado, al comerlo, y en la frase que nos dice «el altar, cual es santo santísimo», se encripta 'Mashiaj'. Es decir, aparentemente este es un mensaje que pretende decir que los santos serían partícipes del Mesías (que es símbolo de lo más santo y del lugar santísimo que identifica a Dios) al modo en que los cristianos conmemoran a Yeshua comiendo el pan y el cordero de la Pascua. Puede que solo sea una casualidad, pero en Esdras 6:22 encontramos que el verso comienza con la palabra 'Ve.Iasú', que es un temurá de 'Ve.Iashua' (y Jesús), inmediatamente seguido de la cita «fiesta de los ázimos siete días», que codifica el epíteto 'Mashiaj'. Más arriba ya os había dicho que la Pascua era un símbolo ligado al Mesías, y la muere del Cordero es la muerte del Mesías. El Mesías moriría, y eso no se puede negar: «tras esos años, mi hijo el Mesías, morirá», dijo Esdras (2ª Esdras 7:29), tras decir, «que mi hijo, el Mesías, se reveló a los que estuvieron con él, y los que quedaron se alegraron por 400 años.» ¿Se alegraron de que murió?

¿Qué ocurrió tras su muerte que mantuvo tal avivamiento y regocijo entre sus más cercanos por tanto tiempo?

Usando los códigos de la Torah aparecen definiciones relativas a 'Shikutz' (abominación) y 'Meshmem' (desoladora, asoladora) combinadas con 'Tamid' (continuo sacrificio), recordándonos los episodios de profanación del Templo de Jerusalem, y con ellos otras apreciaciones relativas al Mesías, pero, ¿por qué? ¿Qué tiene que ver el Mesías con una abominación desoladora en el Templo? ¿Algo pasado o futuro? Números 28:3 tiene las palabras 'Meshumem' (con 10 letras de separación) y 'Shiló' (con 2), en el contexto que habla del continuo sacrificio, primeramente enfocado en el cordero. Esto se repite en los versos 14 al 18, y vuelve a aparecer con 'Jamedet' en el 29:36, sobre el mismo tema de sacrificios, especialmente de corderos. ¿Sacrificios de corderos? ¿Abominación desoladora y el Amado? ¿El Enviado y el continuo sacrificio? ¿Qué relación tienen todos estos temas? En la repartición de la Tierra, al entrar a ella, la Torah incluye muchos códigos relacionados con Nazaret y 'el Nazareno', y también de la abominación desoladora y el continuo, como el caso del Números 34:13-14, que contiene 'ha.Tamid' con 15 letras equidistantes, 'Meshumem' en el 14 con 5, 'Tamid' del 16 al 17 con 17, y 'Taleh' (carnero) en el 18 con 6 (y que se repite en el verso 24 con 3 letras de separación).

No tiene sentido seguir cuestionándose esto, porque el momento de la aparición del Mesías se puede triangular con varios pasajes, y queda patente en Daniel 9:25-27, sin dar lugar a más dudas. Tras la conquista de Canaán, las 12 tribus que conformaban Israel se repartieron geográficamente en la región; Tras la muerte de Salomón las tribus se dividieron en dos grupos: Israel (9 tribus y media en el norte) y Judah (2 tribus y media en el sur, teniendo Jerusalem). Estas dos tribus y media eran Judah, Benjamín y Leví, respectivamente; Décadas más tarde el imperio asirio se llevó cautivo el reino del norte (Israel), pero unos 150 después también el reino del sur (Judah) fue conquistada, en su caso por los babilonios. Fue en estas cautividades y deportaciones cuando el papel del Mesías nace en la profecía y comienza a ser anunciado por los hebreos. Es, además, en ese periodo, cuando las palabras del profeta Daniel enfajan a la perfección con el contexto histórico de la Abominación Desoladora que hizo desaparecer la estructura de lo que quedaba de aquello que fue y representó Israel, y así siguió por más de 1.800 años, hasta la declaración Balfour (en 1917) y la restitución del Estado de Israel (1948).

Un ejemplo de referencias a su venida es sobre la guerra del valle de Josafat que anuncia Joel 3:2, y que la tradición judía asume que será cuando ha de aparecer el Mesías para salvarlos; es, precisamente, en ese pasaje, donde la frase «Iaho (Dios) juzga y juzgaré pueblos allá», codifica el concepto de 'Ishuá' (salvación) o 'Ieshua' (salvador), y que puede denotar que salva en todo sentido, ya sea el alma o la vida, ya sea el ser de sus seguidores o a su nación. En Sofonías 2:16 y 2:15, donde simultáneamente este nombre aparece en dichas palabras, que justamente describen el día del juicio de Dios: «día de shofar y de clamor elevándose», «nube y nublado (tiniebla), día de shofar». Estas dos frases tienen el vocablo 'Ieshua' e irónicamente coinciden con el libro del Apocalipsis, que señala el fin con anuncio de trompetas. Asimismo encontramos el nombre de Ieshua en otras referencias a propósito de aquel terrible día, como las de Zacarías 12:3, en las frases «y carguen despedazados se despedazarán juntos» y «despedazados se despedazarán y juntos se alzarán». Incluso en el capítulo 13:2, que nos dice que en aquel día se quitarán los ídolos de la Tierra, aparece el epíteto de Yeshua, 'ha.Notzri' (el nazareno), pudiendo ser una alusión a quién llevará esto a acabo. ¿Meras coincidencias?

Los cristianos alegan que cuando Yeshua supuestamente resucitó se mostró a varios que no le identificaron en primera instancia, y ellos le reconocían este hecho: «¿Eres tú el único forastero en Jerusalem que no has sabido las cosas que en ella han acontecido en estos días? [...] De Jesús nazareno, que fue varón profeta, poderoso en obra y en palabra delante de Dios y de todo el pueblo; y cómo le entregaron los principales sacerdotes y nuestros gobernantes a sentencia de muerte, y le crucificaron. Pero nosotros esperábamos que él era el que había de redimir a Israel...» (Luc. 24:18-21, R60) En el Salmo 69:35 (el 36 de la Tanak) nos habla de que Dios salvará a Tzion y reedificará las ciudades de Iehudah (Judah) para que vuelvan a ser habitadas, y al analizar nombres en este pasaje para hallar a través de quién esto podría suceder, otra vez aparece el nombre Ieshua en la frase «ciudades de Iehudah y se asentarán allí». Empero, al decir "allí" (en hebreo 'Sham') también quiere decir que establecerán una identidad, en un sentido verdadero y/o duradero, toda vez que Sham/Shem también significa "nombre". Aún más grandioso es que el verso siguiente (37/36) confirma el nombre de Ieshua en la frase que dice «sus siervos heredarán y amarán su nombre». Otro pasaje que refuerza esto es el del Salmo 72:5, que nos dice «con el Sol y delante de la Luna», que son símbolos de testimonio y durabilidad (pues agrega que así será «generación tras generación»). Pero hay más, ese mismo verso, y exactamente esa misma cita, también contiene el título del ungido, apareciendo 'Mashiaj' en las letras bacrónimas.

¿DÓNDE DEBÍA APARECER EL MESÍAS?

Es un hecho innegable que más que la propia muerte, hay un contexto de "Mesías sufriente", en ámbito marginal, en las escrituras hebreas. La descripción del Saadia Gaon sobre el futuro 'Emunoth ve-Deoth: VIII Redención Mesiánica' (que data de principios del siglo X), afirma que el Mesías ben Iosef aparecerá en la parte norte de Galilea, coincidiendo con otras interpretaciones talmúdicas y midráshicas que sostienen exactamente lo mismo, como Hai Gaon, quien en una respuesta rabínica acerca de la Redención afirma que el Mesías Ben Iosef se halla en la Alta Galilea (de hecho, el anteriormente mencionado Lekah Tov también refiere que el Mesías se manifestaría de la parte alta de Galilea). Las referencias en cuestión igualmente coinciden en que habrá un Mesías ben Iosef antes de un Mesías ben Daud, aunque no da a entender – como algún otro sí ha sugerido – que es el mismo Mesías, pero viniendo en dos ocasiones diferentes, con distintas misiones. El mismo texto sostiene que al venir ben Iosef reunirá a "los hijos de Israel" a su alrededor, interpretándose con esto que el hijo de José tendría a los suyos, de su pueblo, junto con él; y agrega que con ellos «marcha a Jerusalem».

Seguidamente el Saadia dice que allí, después de «superar las potencias hostiles», restablecería el culto del templo y configuraría sus propios dominios. Es notorio que su suposición parte del análisis de versos que afirman que ben Iosef reuniría un séquito de congéneres, y de Galilea iría a Jerusalem para verse enfrentado a una terrible oposición, y tras este punto se definiría su situación postrera. Según el Zohar III, Shomoth 76, 86, 220ª, Otzar Midrashim 466, «El Mesías ... se levantará en la tierra de Galilea. El Mesías se levantará a sí mismo en la tierra de Galilea, porque en esta parte de la tierra santa de la desolación (exilio a Babilonia) comenzó en primer lugar, por lo tanto, él se manifestará a sí mismo primero.» ¿Se manifestará a sí mismo? ¿Antes de mostrarse a Israel él primero debe probarse a sí mismo? ¿Es acaso esta una especie de prueba psicológica por la que se introduce para ampliar su conciencia sobre su propia naturaleza y obra? Ya habíamos rescatado las palabras del profetas mesiánico Isaías respecto de Galilea y el Ungido, pero también nos habló del Iarden (Jordán), pero ahora, el componente que hacer parecer que el Mesías se probaría a él mismo encaja con una descripción histórico de un personaje del siglo I a. e. c.: «Aconteció en aquellos días, que Jesús vino de Nazaret de Galilea, y fue bautizado por Juan en el Jordán. Y luego, cuando subía del agua, vio abrirse los cielos, y al Espíritu como paloma que descendía sobre él. Y vino una voz de los cielos que decía: Tú eres mi Hijo amado; en ti tengo complacencia. Y luego el Espíritu le impulsó al desierto. Y estuvo allí en el desierto cuarenta días, y era tentado por Satanás, y estaba con las fieras; y los ángeles le servían.» (Marcos 1:9-13, R60)

Hemos visto que años antes de la manifestación de Yeshua ha.Notzri hubo un tal Judas Galileo, «en los días del censo, y llevó en pos de sí a mucho pueblo», pero según parece, aún fue famoso en ese momento, «Pereció también él, y todos los que le obedecían fueron dispersados.» (Hechos de los Apóstoles 5:37, R60) Josefo nos habló de este Judas galileo en 'Antigüedades de los Judíos, libro XVIII, cap. 1-5', por lo que fue alguien bien conocido. Aún así, había muchos que no creían en ese entonces que de Galilea se levantase alguien importante, «algunos decían: ¿De Galilea ha de venir el Cristo? ¿No dice la Escritura que del linaje de David, y de la aldea de Belén, de donde era David, ha de venir el Cristo?» (Juan 7:41-42, R60) El propio Sanedrín discutía este tema, diciendo al maestro Nicodemo: «¿Eres tú también galileo? Escudriña y ve que de Galilea nunca se ha levantado profeta.» (Verso 52, R60) A pesar de esta poca confianza en Galilea, Tito Flavio Josefo, que residió allá – incluso un tiempo en la villa de Caná – habló del valor y coraje de los galileos y su fraternidad y gran espíritu. De todas formas, aunque en su momento los judíos no hubiesen comprendido la importancia de Galilea, se ha hecho bastante notorio que esta región es decisiva a la hora de presentar al Mesías.

Hay textos como el Testamento de Adán, que habla de los "magos" o "hijos de reyes" que traerán "algo" «al Hijo de Dios en la cueva en Belén de Judea.» No obstante, como es de esperar, habrá argumentos plausibles que refutarán esta cita, y hasta este manuscrito, arguyendo que se trata de una invención netamente cristiana. Según podemos entender, lo que se entiende sobre el Elegido es que debe nacer en Bet-Lejem (Belén), pero manifestarse en el norte Galilea, y dar cierto testimonio en el Jordán. Es incluso admisible que haya estado en Egipto, como analogía con Israel, y según la frase que afirma, «de Egipto llamé a mi hijo», y todo esto debería encajar con la idea de que habría estado por toda Galilea, en general, en lo que serían las zonas de Zabulón y Neftalí. Es irónico, pero todo esto coincide con la infancia de Yeshua ha.Notzri, que se dice que nació en Belén de Judeah - desde los 2 o 3 años vivió en Egipto (por un lapso de unos 7 años) -, luego vino con sus padres a residir en Nazaret de Galilea; luego fue al Jordán a ser bautizado por Juan hijo de Zacarías, y de ahí ubicó su residencia en Kaper-Najum (Cafarnaúm), también en zona de Zabulón y Neftalí; finalmente pasó sus últimos días antes de su muerte en Jerusalén, muriendo como el resto de profetas, en dicha ciudad. ¿Son estas causalidades o este nazareno hizo todo esto apropósito para que sus seguidores creyesen que él era el Mesías?

¿CÓMO DEBÍA APARECER EL MESÍAS?

Ahora bien, si aparece en determinado lugar, ¿cómo aparece? La Tanak nos dice que nacería de una señorita: «el Señor mismo os dará señal: He aquí que la virgen concebirá, y dará a luz un hijo…» (Isa. 7:14, R60). Primero que nada, las chicas no conciben por sí solas, a menos que sean inseminadas artificialmente. El pasaje no dice de parte de quién concibe, ni quien es el portador del esperma. No dice que "concebirá de un hombre", sino simplemente que «concebirá», pero, ¿qué tiene de misterio que la señal del Mesías sea que una mujer conciba y dé a luz, si eso es lo común de la mujer: dar a luz? Está diciendo que "ella" es quien concibe, no que la dejen embarazada. En otras palabras, no parece haber un hombre mortal que medie en su inseminación. Segundo, a una chica no le convenía concebir fuera del matrimonio porque sería aborrecida. Si es pura y debe ser la madre del Mesías, no puede serlo por adulterio, de otra manera es una adúltera y una vergüenza para la familia, y había de ser lapidada. En consecuencia, si es una Almah (vocablo que aparece en el texto hebreo, y evoca a una "chica" en su sentido de doncella, virgen o edad núbil), y concibe, ¿cómo pudo concebir? Si es desposada, entonces ya no es una Almah, porque hasta en occidente se dice "señorita" a una chica que está soltera. En consecuencia, la señorita primero se desposa, luego se une a su marino y es una señora, y luego de tener relaciones sexuales concibe y da a luz (porque en la ley de Moisés, si no había relación sexual íntima el matrimonio se daba por invalidado).

Además de esto, en ese verso los sabios judíos tradujeron a la Septuaginta esta definición como la palabra griega 'Parthénos' (virgen). Ellos sabían de lo que hablaba Isaías y eran expertos en su lengua y en comprensión de lectura. Esto coincide con Miqueas, que afirmó que el Mesías "les dejaría" hasta que diese a luz la que había de dar a luz: «Pero tú, Belén Efrata, pequeña para estar entre las familias de Judah, de ti me saldrá el que será Señor en Israel; y sus salidas son desde el principio, desde los días de la eternidad. Pero los dejará hasta el tiempo que dé a luz la que ha de dar a luz; y el resto de sus hermanos se volverá con los hijos de Israel.» (Mic. 5:2-3, R60). ¿Quién es esa mujer que parece tener un papel tan destacado? El médico Lucas pareciera haberlo hecho saber hace 2.000 años: «Entonces Mariam dijo: Engrandece mi alma al Señor; Y mi espíritu se regocija en Dios mi Salvador. Porque ha mirado la bajeza de su sierva; Pues he aquí, desde ahora me dirán bienaventurada todas las generaciones.» (Luc. 1:46-48, R60) ¿No es acaso Mariam (María) la imagen principal de culto del catolicismo? Entonces es famosa. Además de esto, recordemos que David llamó a su hijo "Adoní" o "Adonai", y aquí Miqueas nos reconfirma el asunto, al decir que él será 'Moshel' (comandante, señor, jefe, regidor) en Israel. Nacerá de una mujer, ¿pero su origen es de los comienzos del universo? Entonces debe referirse a su alma, no a su cuerpo.

Al decir que «los dejará hasta que dé a luz» esta señorita, parece querer decir primeramente que aunque él exista desde hace mucho, no estará con Israel sino a partir del momento en que dicha joven le conciba como un ser mortal en su vientre. Entonces señala que el resto de «sus hermanos» volverá «con los hijos de Israel», pero, si se supone que él reúne a los hijos de Israel, ¿quiénes son esos "hermanos" de los que habla? No dice que haga regresar a sus hermanos, hijos de Israel, a Israel o a la tierra de Israel, sino que al "resto" de "sus hermanos" los hace venir a los "hijos de Israel". Lo que nos está diciendo es que el Ungido tiene hermanos, sea en un sentido biológico, generacional o espiritual, y a ellos los trae al linaje de Israel, pero si no los llama israelitas, sino que son "otros" no definidos como israelitas, que van a los israelitas, empero lo que siguiere es que aquellos son gentiles, presumiblemente "hermanos en la fe", o, incluso – siendo un tanto más descabellado en la interpretación – congéneres del lugar de donde vino su alma. No obstante, más adelante entraré en detalle sobre "aquellos" de los que habla que traerá, porque David también mencionó esta cuestión.

Según este pasaje de la virgen ha nacido la religión más grande y poderosa del mundo: el catolicismo. Incluso los cristianos, tres siglos ya anteriores al catolicismo, consideraban que Mariam (María) concibió a Jesucristo en su virginidad: «Al sexto mes el ángel Gabriel fue enviado por Dios a una ciudad de Galilea, llamada Nazaret, a una virgen desposada con un varón que se llamaba José, de la casa de David; y el nombre de la virgen era María. Y entrando el ángel en donde ella estaba, dijo: ¡Salve, muy favorecida! El Señor es contigo; bendita tú entre las mujeres [...] Entonces el ángel le dijo: María, no temas, porque has hallado gracia delante de Dios. Y ahora, concebirás en tu vientre, y darás a luz un hijo, y llamarás su nombre Jesús. Éste será grande, y será llamado Hijo del Altísimo; y el Señor Dios le dará el trono de David su padre; y reinará sobre la casa de Jacob para siempre, y su reino no tendrá fin. Entonces María dijo al ángel: ¿Cómo será esto? pues no conozco varón. Respondiendo el ángel, le dijo: El Espíritu Santo vendrá sobre ti, y el poder del Altísimo te cubrirá con su sombra; por lo cual también el Santo Ser que nacerá, será llamado Hijo de Dios.» (Lucas 1:26-35, R60) La correspondencia de este supuesto diálogo de Mariam con el arcángel Gabriel es un cúmulo de piezas bíblicas completamente afines con la visión del Mesías, pero, aún así, este argumento no es convincente para muchos escépticos judíos.

Un texto que supuestamente escribió Adán – y como de costumbre, al hablar de similitudes entre el Mesías y Yeshua nazareno, se afirma tácitamente que no es una fuente judía sino cristiana –, anuncia la venida del Elegido de esta manera: «Dios vendrá al mundo después de un largo tiempo. Será concebido por una virgen y llevará un cuerpo y será nacido como un ser humano y maduro como un niño. Presentará signos y maravillas en la tierra: caminar sobre las olas del mar, castigar a los vientos a fin de que remitirlos, retraerá las olas para que dejen de moverse, abrirá [los ojos] de los ciegos, limpiará a los leprosos, hará que los sordos escuchen, dará voz a los mudos, enderezará a los que están doblados, fortalecerá a los paralíticos, buscará a los perdidos, expulsará demonios, reunirá fuera demonios.» (Testamento de Adán) El mismo texto, donde el ángel explica a Adán porqué fue expulsado y cuánto habría de estar en el Sheol – como refieren otros textos –, le dice que el Elegido iría a buscarle y en la resurrección le harían – a Adán - inmortal: «Por su bien nacerá de la virgen Miriam, y por su bien experimentará la muerte y entrará en el reino de la muerte. Por su bien voy a mudar nuevos los cielos, y estableceré sus descendientes en (posiciones de) la autoridad entre ellos. Después de tres días en la tumba, voy a resucitar el cuerpo que llevaba en su cuenta, y yo le fijaré a la diestra de mi lugar divino, y yo te haré divino como tú deseas.»

Aún si consideramos que este tipo de material llamado pseudoepígrafe o apócrifo fuese una invención posterior de gente con sus propios intereses creados, para dar publicidad a Yeshua ha.Notzri, sí es cierto que se habla de que habrá «nuevos cielos» (Isaías 65:17 y 66:22), y eso ya era conocido desde los libros del profeta Henoc: «haré que mi Elegido habite entre ellos; transformaré el Cielo y lo convertiré en bendición y luz eterna; transformaré la tierra y haré que mis elegidos la habiten, pero los pecadores y los malvados no pondrán los pies allí.» (1ª Henoc 45:4-5) También Henoc había informado que el Elegido – o "hijo del hombre" – sería puesto por juez, que revelaría grandes secretos y conocimientos, que sería el mayor rey y que impartiría la paz y la justicia: «Este es el Hijo del Hombre, que posee la justicia y con quien vive la justicia y que revelará todos los tesoros ocultos, porque el Señor de los espíritus lo ha escogido y tiene como destino la mayor dignidad ante el Señor de los espíritus, justamente y por siempre.» (Cap. 46:3) Sin embargo Henoc anunció que los seguidores y sus iglesias serían perseguidos y atacados por los organismos y poderes de este mundo: «ellos persiguen sus congregaciones y a los fieles, a quienes condenan en nombre del Señor de los espíritus.» ¿Usan el nombre de Dios para perseguir a sus fieles? Esto parece una guerra religiosa, como la persecución católica a los no católicos, o la musulmana a los no musulmanes (incluso la actual masacre de cristianos en los países islámicos).

Otro dato sobre el niño que habría de nacer, es que, así como el diablo quiso que los hijos de Israel fuesen asesinados, y evitar la aparición del que sería el primer libertador de este pueblo, Moisés, de la misma forma parece haber ocurrido con el que vendría después de Moisés: «Así ha dicho Iaheveh: Voz fue oída en Ramá, llanto y lloro amargo; Raquel que lamenta por sus hijos, y no quiso ser consolada acerca de sus hijos, porque perecieron.» (Jer. 31:15, R60) Ramá estaba cerca del «monte de Efraín» (Juec. 4:5), y esto nos recuerda al ben Iosef, o el ben Efraim. El profeta Samuel era de una ciudad también llamada Ramá, lo cual es muy significativo, y también es curiosa la cita de Isaías que dice que «Ramá tembló» (Cap. 10:29), y el hecho de que cuando Judea fue destruida por los babilonios, los cautivos fueron reunidos en Ramá antes de llevarlos a Babilonia. Se cree que la relación de Ramá y Raquel estriba en que los habitantes de la ciudad derivaban de las 3 tribus que procedieron de ella (de Raquel): Efraín, Manasés – que representan la semilla de José (una alusión aún más directa a ben Iosef) - y Benjamín. Se cree que esta es una alusión a Benjamín, y la voz de clamor es porque ahí se reunió a judíos y benjaminitas para llevarlos a Babilonia, pero el clamor de Raquel parece más el dolor de una madre sobre su pequeño, más que sobre un linaje (siendo que la diáspora fue mayormente de judíos, no de benjaminitas), y encajaría con el relato de la infancia de Yeshua, al afirmar que «Herodes entonces, cuando se vio burlado por los magos, se enojó mucho, y mandó matar a todos los niños menores de dos años que había en Belén y en todos sus alrededores, conforme al tiempo que había inquirido de los magos.» (Mat. 2:16, R60)

El Evangelio cristiano del apóstol Juan, en su capítulo 8:41, es tomada por algunos como la clásica insinuación que los opositores del nazareno usaron para juzgarle: «Dijo entonces Jesús a los judíos que habían creído en él: Si vosotros permaneciereis en mi palabra, seréis verdaderamente mis discípulos; y conoceréis la verdad, y la verdad os hará libres. Le respondieron: Linaje de Abraham somos, y jamás hemos sido esclavos de nadie. ¿Cómo dices tú: Seréis libres? Jesús les respondió: De cierto, de cierto os digo, que todo aquel que hace pecado, esclavo es del pecado. Y el esclavo no queda en la casa para siempre; el hijo sí queda para siempre. Así que, si el Hijo os libertare, seréis verdaderamente libres. Sé que sois descendientes de Abraham; pero procuráis matarme, porque mi palabra no halla cabida en vosotros. Yo hablo lo que he visto cerca del Padre; y vosotros hacéis lo que habéis oído cerca de vuestro padre. Respondieron y le dijeron: Nuestro padre es Abraham. Jesús les dijo: Si fueseis hijos de Abraham, las obras de Abraham haríais. Pero ahora procuráis matarme a mí, hombre que os he hablado la verdad, la cual he oído de Dios; no hizo esto Abraham. Vosotros hacéis las obras de vuestro padre. Entonces le dijeron: Nosotros no somos nacidos de fornicación; un padre tenemos, que es Dios.» (Juan 8:31-41, R60) ¿Cómo que nacidos de fornicación? No muchos iban a creer esa historia de que la madre de Yeshua concibió del cielo, así que, dado que ella concibió en periodo de betrotal (casada de papel y palabra, pero sin aún vivir con su marido ni tener relaciones sexuales con él), se corría el rumor de que ella había cometido adulterio, y así había concebido a Yeshua.

Ese es el origen del mito judío tan repetitivo en el Talmud de Babilonia, que usa eufemismos y ofensas para referirse al nazareno, al cual llaman 'Ieshu ben Pantera'. Estas acusaciones partían de un supuesto soldado romano llamado Pantera, quien fue un amante de Mariam, y, en consecuencia, el verdadero progenitor de Yeshua ha.Notzri. Sin embargo, la versión real de estos hechos nunca se ha comprobado, y lo que sí ha quedado patente es que pudo tratarse de una vil y rastrera manipulación de las palabras del rabino Yeshua, cuando hablaba de "su padre". Yeshua no solía referirse a Dios como Iaheveh o como "Elohim" (dios), sino que lo llamaba 'Ab' (padre), 'Abí' (mi padre), o 'Aba' (papá), que en griego es 'Patir', y se suele conjugar como 'Pater' (de ahí el inglés 'Father'). Los enemigos del nazareno habrían tergiversado que él dijo que su progenitor era el 'Pater', y se inventaron que era un soldado romano llamado 'Patera', ya que el decir que fue un romano, y un judío, le daría un carácter más denigrante de gentil, y justificaría que tuviese un nombre no hebreo. ¿Por qué odiaban tanto estos líderes religiosos de Israel al rabino de Nazaret? Si se observan las discusiones entre Yeshua y los fariseos y escribas, se entiende a todas luces ese odio hacia él: no le podían refutar nada y siempre los dejaba en evidencia, tal como había vaticinado David.

En consecuencia, se nos dice que el Elegido viviría la experiencia humana, aunque vendría de "otro lugar", y fue escogido para la misión de Salvar al mundo – y dado que los salva, recibe la corona de la victoria, que es el reino de David -, y esto mismo se codifica en Deuteronomio 32:13, al hablar de aquel a quien «Le hizo cabalgar sobre las alturas de la tierra, y le hizo comer los productos del campo. Hizo que chupara miel de la peña, aceite del duro pedernal...», y donde se encripta el nombre 'Ieshua'. Así como el Salmo 16:11 nos dice subliminalmente que el Elegido viviría una vida mortal, el verso

7 nos dice que durante las noches sería instruido por su propio ser interior mientras Iaheveh le aconseja. Esto lo podemos ver en otro salmo, el 77:6-7 (el verso 7-8 de la Tanak), que en notaricón codifica el título 'Mashiaj' en la frase «e inquiría (investiga, busca) mi espíritu, para siempre desechará».

Éste ser que viene de otro sitio sería parte humano, nacido de mujer, y parte divino. ¿Su reinado será temporal o eterno? El profeta Daniel dijo que en visión vio a uno como un «bar anash» (hijo del hombre, o hijo de persona), o sea, un humano, que «venía con las nubes del cielo» (ver. 7:13). Pero, ¿venía en las nubes solo en la visión, o venía del cielo? Se entiende que venía "en" las nubes, pero las nubes no traen gente, porque se componen de vapor de agua. Y si son nubes, ¿por qué enfatiza que son "del cielo"? ¿Acaso hay nubes que vengan de debajo del agua? No dice "nubes del firmamento", sino "del cielo", que es lo que está más allá. Claramente ese "anash" viene del cielo en las nubes que representan la gloria de Dios bajando y subiendo. Por eso 'Shamai' y 'Anash' son, ambos, 351, en gematría. Shamai también suma 45, que es el 'número del hombre', pues Adam también suma 45. Es más, la frase «im ananei shmai c.bar anash» (con las nubes del cielo venía un hijo de hombre) suma 197, igual que 'Imanu·El' (Dios con nosotros). La frase de los versos 13 y 14, que dicen, «tiempo se acercó ante él para aproximarse, y le fue dado dominio», tienen las letras acrónimas para 'moshia Ihev' (el salvador-mesías de IHVH), y en el verso 14 dice «pueblos, naciones y lenguas, le servirán en su dominio», formando el acrónimo de 'El Ieshua' (poderoso Jesús). Sobra decir que Mashiaj (Mesías) no solo significa ungido, sino salvador, y la raíz del nombre Yeshua es la misma, pues Moshia (salvador) en temurá se lee también como 'mi Ieshua' (de Jesús).

El mismo pasaje del profeta dice que su dominio será eterno. ¿Cómo puede un mortal reinar eternamente? El reino de Israel será eterno (1ª Rey. 9:5), pero también su rey, y eso le fue dicho en reiteradas ocasiones a David, como en 1ª Reyes 2:33, en cuya frase, «y sobre su trono habrá paz eterna», aparece en las letras anagramáticas el nombre hebreo de Jesús, y esto se repite en Isaías 60:20, cuando nos dice: «No se pondrá jamás tu sol, ni menguará tu luna; porque Iaheveh te será por luz perpetua, y los días de tu luto serán acabados.» Aquí aparece una vez más 'Ieshua' en la frase «vendrá aún más tu sol y tu luna». El término 'Ben Daud' (hijo de David) aparece codificado en Malaquías 1:6, donde Iaheveh se queja de Israel porque han deshonrado "su nombre", y habla de su papel de padre sobre su "hijo": «El hijo honra al padre, y el siervo a su señor. Si, pues, soy yo padre, ¿dónde está mi honra? y si soy señor, ¿dónde está mi temor? dice Iaheveh Tzabaot a vosotros, oh sacerdotes, que menospreciáis mi nombre. Y decís: ¿En qué hemos menospreciado tu nombre?» ¿Puede estar diciendo esto que ellos menospreciaron a su hijo, el que sería el sucesor de David? Es más, en el Salmo 59:1 se encripta el título de 'Jamedet' (el Deseado), y la frase nada dice de él como un guerrero, sino de alguien que pide ayuda a Iaheveh ante sus enemigos.

¿Pero no sería el Mesías un luchador y libertador, un guerrero que ganaría sus propias batallas? El salmo 110 de David dice que el Elegido estaría a la derecha de trono hasta que IHVH terminase con sus enemigos. ¿Cómo pues dicen que el Mesías nos libertará, si aquí David dice que estará sentado por ese tiempo mientras es IHVH quien hace la guerra? Y se mantendrá en ese sitio, el Salvador, hasta que IHVH haya terminado con toda oposición. En consecuencia, ¿cómo es eso de que siendo hijo de David, el propio David le llama 'Adonai'? ¿No? Un padre no llama a su hijo "mi señor". Si David llama Adonai al Mesías, ¿cómo puede ser su hijo? Piensen detenidamente en esto. La Escritura dice que el Mesías será eterno y estará en misión pacífica (no activa) hasta que IHVH acabe con los adversarios. Por ello le llaman 'Sar Shalom' (comandante de la paz), toda vez que si hiciese la guerra no podría ser 'sar' (jefe) de

Shalom. Así es como su ciudad es 'Ierushalaim' (lanza la paz), y por ello el hombre a su imagen en la Tierra fue Salomón (cuyo nombre significa "el pacífico"); también por esta razón la salvación viene de IHVH a través de la paz, no de la guerra. Esa salvación es del alma, para vida eterna, no de cuerpo, que es mortal. La palabra 'Shalom' es numéricamente 376, igual que 'Shuá' (salvación), y así como el nombre del hijo de David fue Shlamah (pacífico), el del Mesías es Ieshua (salvación).

¿De dónde viene el Mesías? El profeta dice que «sus salidas son desde el principio, de los orígenes de la eternidad». Eso quiere decir que es preexistente, y por extensión inmortal y/o eterno. ¿Cómo puede ser eso posible? El Salmo 91:15-16 nos dice, «Me invocará, y yo le responderé; Con él estaré yo en la angustia; Lo libraré y le glorificaré. Lo saciaré de larga vida, Y le mostraré mi salvación.» ¿De quién está hablando? Le acompañará en la angustia y le librará, mas, ¿qué es lo que le va a angustiar y cómo le librará? Aún más, ¿por qué le glorificará? ¿Habiendo estado afligido, le libra y además le glorifica? ¿Habla el rey David de sí mismo? De ser así, ¿cómo es que dice que le mostraría su salvación? ¿En qué consiste esa salvación? ¿De qué lo salvaría? Y si afirma que le «prolongaría los días» (en hebreo «araj iamim»), como una idea clara de longevidad, o ser lleno (saciado) de "larga vida", ¿cómo encaja esto con David si él solo vivió 75 años? Su hijo Salomón vivió 87, pero eso tampoco es gran cosa, ni síntoma de longevidad, ya que hasta Moisés y Abraham vivieron más de 100 años. Así que, ¿de qué forma Dios le muestra su salvación? ¿Se la muerta solo a él? Si la salvación de Dios es para muchos, ¿qué misterio hay en que también se la muestre al Elegido? ¿De qué tipo de salvación está hablando, y qué tiene que ver con la angustia y martirio por el que pasa el Mesías? ¿Acaso no sabemos que el Mesías había de ser asesinado? ¿Cuál es entonces esa "salvación"? ¿Acaso Dios le revive?

En notaricón, la frase que dice en hebreo, «ben ve-karat shemó emanu·el jamah ve.debash iajal» (hijo que será llamado dios con nosotros mantequilla y miel comerá), salen en acrónimos las letras Beit, Vav, Shin, Ain, Alef, Jet, Vav e Iud, donde se puede formar primeramente "ve ba aj Ieshua", que significa "en el (a través del) hermano Ieshua (salvación)". Como mera curiosidad, con el mismo sistema de Cábala, en notaricón, pero en bacrónimos (letras finales), la parte que dice «hanah ve.ildat ben ve.karat shemó imanu·el, jamah be.dabash iajal» (concebirá y dará a luz, mantequilla y miel comerá), da las letras para "ve.hatenet le-shiloh" (dará al Enviado). Si es correcto que el Mesías habría ya estado en la Tierra, y que su segunda venida será cuando Behemot y Leviatán se manifiesten, las palabras del escriba Baruc encajan a la perfección: «Y será después de pasar estas cosas, cuando el momento de la llegada del Mesías se ha cumplido, que él regresará en la gloria.» (2ª Baruc 30:1) ¿Regresará? Eso es lo que dijo Baruc. Si regresará es porque ya había estado acá. Ese Imanu-El ya era considerado un dios, o linaje o representante de Dios en el pensamiento de los demonios: «el precioso y sagrado nombre de Dios Todopoderoso, llamado por los hebreos por una fila de números, de los cuales la suma es 644, y entre los griegos es Emmanuel.» (Testamento de Salomón 1:29)

Vemos similitudes en patrones a la hora de estudiar a figuras importantes de la historia, como el caso de que, como otros buscadores de la trascendencia espiritual, consagrasen un tiempo de ayuno y ausencia del mundo. Ese tipo de ayunos destacan por haber sido excepcionalmente largos, como el caso de Moisés, quien estuvo dos veces 40 días sin comer ni beber mientras se hallaba en la presencia de Iaheveh; Yeshua nazareno también ayunó 40 días antes de iniciar su misión, y justamente en Éxodo 34:28, donde se habla del ayuno de Moisés delante de Iaheveh, aparece encriptado el nombre 'Ieshua' en la frase «y estuvo ahí con Iaheveh». ¿Serán meras casualidades, justamente en pasajes trascendentales? Este relato se recuerda en Deuteronomio 9:18-19, donde aparece el título 'Shiloah' atravesando estas palabras (con 28 letras de separación) del ayuno de 40 días, y además el capítulo incluye otros vocablos, como 'Roma' (en el verso 13) o 'Taleh' (carnero), que está en el 16.

ELÍAS DEBE VENIR PRIMERO

Una de las señales principales de la venida del Mesías es la aparición previa del profeta Elías, quien debe regresar a preparar su camino y para "restaurar todas las cosas": «He aquí, yo os envío el profeta Elías, antes que venga el día de Iaheveh, grande y terrible. Él hará volver el corazón de los padres hacia los hijos, y el corazón de los hijos hacia los padres, no sea que yo venga y hiera la tierra con maldición.» (Mal. 4:5-6, R60) Según la secta gnóstica egipcia de los siglos I-III a. e. c., el profeta Elías habría de venir dos veces después de haber sido transportado al cielo: una, en los días del imperio romano, y otra en los días del Anticristo. ¿Vino en la época romana? Acorde a los manuscritos egipcios de la Biblioteca de Nag Hammadi, Elías encarnó en el profeta Juan, el bautista hijo del sacerdote Zacarías. Según parece, Yeshua ha.Notzri ya se lo había dicho a sus seguidores: «De cierto os digo: Entre los que nacen de mujer no se ha levantado otro mayor que Juan el Bautista; pero el más pequeño en el reino de los cielos, mayor es que él. Desde los días de Juan el Bautista hasta ahora, el reino de los cielos sufre violencia, y los violentos lo arrebatan. Porque todos los profetas y la ley profetizaron hasta Juan. Y si queréis recibirlo, él es Elías que había de venir.» (Mat. 11:11-14, R60) Esta materia se volvería a tocar, aunque en privado, en otra ocasión más adelante: «Entonces sus discípulos le preguntaron, diciendo: ¿Por qué, pues, dicen los escribas que es necesario que Elías venga primero? Respondiendo Jesús, les dijo: A la verdad, Elías viene primero, y restaurará todas las cosas. Mas os digo que Elías ya vino, y no le conocieron, sino que hicieron con él todo lo que quisieron; así también el Hijo del Hombre padecerá de ellos. Entonces los discípulos comprendieron que les había hablado de Juan el Bautista.» (Mat. 17:10-13, R60)

El texto gnóstico llamado 'Pistis-Sofía', afirma, de boca de Yeshua ha.Notzri: «Y ocurrió que cuando estuve entre los jefes de los eones, miré desde arriba el mundo de los hombres, según el mandato del primer misterio, y hallé a Isabel, madre de Juan el Bautista, antes que lo hubiese concebido. Y puse en ella la fuerza que había recibido del pequeño Iâo, el bueno, que está en el centro, para que pudiese predicar, antes que yo, y preparar mis caminos, y para que bautizase con el agua de remisión de los pecados. Y en el sitio de un principado destinado a recibirlos, encontré el alma del profeta Elías en la esfera de los eones, y recibí su alma, y la llevé a la Virgen, hija de la luz, y ella la dio a sus herederos, que la llevaron al seno de Isabel. La fuerza de Iâo, aquel que está en el medio, y el alma de Elías, el profeta, han sido unidas en el cuerpo de Juan el Bautista. Y porque dudasteis cuando yo os dije que Juan había declarado ser el Cristo él, vosotros contestasteis que estaba en la Escritura que, si el Cristo venía, Elías vendría con él, y le prepararía los caminos. Mas, al hablarme así, yo os contesté: Elías ha venido, y lo ha preparado todo, como está escrito. Y como vi que no comprendíais que el alma de Elías estaba en Juan el Bautista, os hablé en parábola.» (Cap. 1:40-46) Según este texto, y otras fuentes, incluidas cartas del Procurador Poncio Pilatos a Tiberio César, Jesucristo regresó de entre los muertos y fue visto por muchas personas, incluso se recogen testimonios de que en una ocasión, en esos mismos días, al menos 500 personas a la vez lo vieron aparecérseles.

Pero estos cristianos no se contradecían, pues también decían contener un texto del rabino Nicodemo (un miembro del Sanedrín) donde se testificó que Yeshua nazareno había vuelto del Sheol y había traído consigo a muchos santos, a los patriarcas y a los profetas, y agregó que Elías y Henoc habían de regresar: «Y los santos los interrogaron, diciendo: ¿Quiénes sois vosotros, que no habéis estado en los infiernos con nosotros, y que habéis sido traídos corporalmente al Paraíso? Y uno de ellos repuso: Yo soy Enoc, que he sido transportado aquí por orden del Señor. Y el que está conmigo es Elías, el Tesbita, que fue arrebatado por un carro de fuego. Hasta hoy no hemos gustado la muerte, pero estamos reservados para el advenimiento del Anticristo, armados con enseñas divinas, y pródigamente preparados para combatir contra él, para darle muerte en Jerusalén, y para, al cabo de tres días y medio, ser de nuevo elevados vivos en las nubes.» (Evangelio de Nicodemo 26:3-4) La revelación del discípulo de Yeshua, Juan hijo de Zebedeo, afirma esto también: «Y daré a mis dos testigos que profeticen por 1.260 días, vestidos de cilicio. Estos testigos son los dos olivos, y los dos candeleros que están en pie delante del Dios de la tierra. Si alguno quiere dañarlos, sale fuego de la boca de ellos, y devora a sus enemigos; y si alguno quiere hacerles daño, debe morir él de la misma manera. Éstos tienen poder para cerrar el cielo, a fin de que no llueva en los días de su profecía; y tienen poder sobre las aguas para convertirlas en sangre, y para herir la tierra con toda plaga, cuantas veces quieran. Cuando hayan acabado su testimonio, la bestia que sube del abismo hará guerra contra ellos, y los vencerá y los matará. [...] Pero después de tres días y medio entró en ellos el espíritu de vida enviado por Dios, y se levantaron sobre sus pies, y cayó gran temor sobre los que los vieron. Y oyeron una gran voz del cielo, que les decía: Subid acá. Y subieron al cielo en una nube; y sus enemigos los vieron.» (Apoc. 11:3-12, R60)

El profeta Elías es, junto con Moisés, las dos figuras emblemáticas del judaísmo. Ambos realizaron grandes portentos en su época, viéndose milagros increíbles y marcando las pautas más remarcables que recuerdan los hebreos en manos de un profeta. Moisés vivió cerca del 1.400 a. e. c., y Elías sobre el 860 a. e. c., pero sobre el 450 a. e. c., otro profeta, Malaquías – que se entiende como "el ángel del Señor" -, anunció que Elías regresaría. Es sabido en la cultura hebrea que el profeta Elías fue llevado vivo al cielo por algo semejante a un OVNI, y aún en la tradición se le conmemora y recuerda. «Y aconteció que yendo ellos y hablando, he aquí un carro de fuego con caballos de fuego apartó a los dos; y Elías subió al cielo en un torbellino. Viéndolo Eliseo, clamaba: ¡Padre mío, padre mío, carro de Israel y su gente de a caballo! Y nunca más le vio; y tomando sus vestidos, los rompió en dos partes.» (2ª Rey. 2:11-12, R60) Aunque Malaquías dijo que Elías había de venir antes del final del juicio divino (el Har-magedón), parece que el mensaje encriptaba dos apariciones, y ambas con el Mesías: en las dos se identificaba a Elías en el tiempo previo a la aparición del Elegido de Dios. Esta esperanza se conmemora entre los judíos cada Pascua, consagrando una copa de vino al profeta Elías, y ¿por qué? Entienden que la copa de vino es la esperanza, y que si Elías aparece, el Mesías está a punto de llegar.

Además de Malaquías, también otro profeta anterior a él, y más famoso, Isaías (770 a. e. c.) había anunciado a uno que prepararía la venida del Señor: «Voz que clama en el desierto: Preparad camino a Iaheveh; enderezad calzada en la soledad a nuestro dios. Todo valle sea alzado, y bájese todo monte y collado...» (Isa. 40:3-4, R60) ¿Qué significa eso de que se baje todo "monte" y "collado"? Isaías hablaba de un símbolo de humillación y humildad, de doblegarse a Dios. ¿No era ese acaso el mensaje de Juan hijo de Zacarías a través del bautismo? El propio bautista dijo: «Yo a la verdad os bautizo en agua para arrepentimiento; pero el que viene tras mí, cuyo calzado yo no soy digno de llevar, es más poderoso que yo; él os bautizará en Espíritu Santo y fuego.» (Mat. 3:11, R60) ¿El bautista y Yeshua nazareno se pusieron de acuerdo para engañar al pueblo imitando la venida de Elías y el Mesías? De no ser así, el profeta Isaías anunció la aparición de Juan el bautista casi 700 años antes de que éste naciera.

Pero otro dato importante es que Isaías dijo que aquel prepararía el camino a Iaheveh, ¿y es que acaso Iaheveh dependería de alguien que le preparase un terreno? ¿Cómo se supone que aquel del que hablaba el profeta había de preparar la senda de Iaheveh, ¿con qué propósito se supone que vendría Iaheveh según este anuncio?

Isaías 40 coincide con Malaquías al anunciar la venida de Elías, y precisamente en ese capítulo nos dice: «Hablad al corazón de Jerusalem; decidle a voces que su tiempo es ya cumplido, que su pecado es perdonado; que doble ha recibido de la mano de Iaheveh por todos sus pecados.» (Isa. 40:2, R60) ¿Doble ha recibido de qué, de bien o de mal? Si el perdón de los pecados viene de Dios, y suele entenderse que se expía por medio de los sacrificios, ¿cuándo y cómo es que Iaheveh decide liberar a Israel de todas sus deudas y errores? Sobre aquel que hace los anuncios afirma Isaías, «voz que decía: Da voces» (verso 6), y le responden metafóricamente refiriéndose a la fragilidad y mortalidad humana, queriendo hacer énfasis en que el hombre debe pensar en algo más allá de la vida en la carne y, en consecuencia, es una enseñanza que lleva a pensar en buscar la vida eterna y hacer lo necesario para adquirirla. En el verso 9 clarifica que habla del Señor que viene: «Súbete sobre un monte alto, anunciadora de Tzion; levanta fuertemente tu voz, anunciadora de Jerusalem; levántala, no temas; di a las ciudades de Judah: ¡Ved aquí al dios vuestro!» Anuncia el "poder" con el que viene, y su "galardón" y "autoridad", «He aquí que Adonai Iaheveh vendrá con poder, y su brazo señoreará; he aquí que su recompensa viene con él, y su paga delante de su rostro.»

Y, ¿en qué forma se mostraría?: «Como pastor» (verso 11); Es decir, un hombre que guía a su rebaño y se preocupa por todas y cada una de sus ovejas. El astuto Yeshua ha.Notzri parecía usar este conocimiento, y la idea del Mesías que sacrifica su vida por la salvación de los suyos, para hablar de sí mismo: «Yo soy el buen pastor; el buen pastor su vida da por las ovejas. Mas el asalariado, y que no es el pastor, de quien no son propias las ovejas, ve venir al lobo y deja las ovejas y huye, y el lobo arrebata las ovejas y las dispersa. Así que el asalariado huye, porque es asalariado, y no le importan las ovejas. Yo soy el buen pastor; y conozco mis ovejas, y las mías me conocen, así como el Padre me conoce, y yo conozco al Padre; y pongo mi vida por las ovejas.» (Juan 10:11-15, R60) Esto coincide con Isaías: «como pastor apacentará su rebaño; en su brazo llevará los corderos, y en su seno los llevará; pastoreará suavemente a las recién paridas.» (Isa. 40:11, R60) O Yeshua era muy perspicaz para persuadir con conocimiento amplio de las Escrituras y no sacar nada a cambio (ya que no se lucró de su fama), o realmente creía fielmente en lo que decía.

ISAÍAS 53, ¿EL HOLOCAUSTO O EL MESÍAS SUFRIENTE?

Para la comunidad judía ortodoxa, la profecía de Isaías 53 habla claramente de la Segunda Guerra Mundial, contrario a la interpretación cristiana, que dice a que se trata del padecimiento del Mesías. Antes de empezar con el capítulo Nun Guimel (53), la historia comienza ya con el final de la Nun Beit (52), hablando de alguien a quien le deformaron el rostro: «muchos quedaron desolados respecto de él, porque fue desfigurado», pero, ¿quiénes fueron esos muchos tan impactados al verle desfigurado? Hubo muchos judíos muertos en el holocausto, y muchos de ellos por inanición, de manera que sería plausible suponer que gentes – como los Aliados – que al ver las condiciones en que estaban los judíos de los guetos se habrían sorprendido. Ahora bien, el vocablo que usa es en esta cita es 'Misjat', cuya raíz es 'Mashaj' (ungido), lo cual también puede traducirse como «respecto del ungido», o «así estaba el ungido». Pero la referencia añade que su apariencia fue desfigurada más allá de la semejanza normal de un varón; no dice "de una nación", sino de un 'Aish' (varón), hablando todo el tiempo en singular – nunca en plural - reiterando que era más que el aspecto de un 'bnei adam' (hijo de hombre, persona, humano, hombre), no de un país. Está hablando de un ser humano, y lo está reiterando y confirmando. ¿O no?

Ese verso 14 es respaldado por el siguiente, el 15, que dice que de la misma manera que sorprendió su aspecto destrozado es como él sorprenderá a muchos gentiles. Pero si antes no hablaba de los gentiles, ¿de quién hablaba? Si el verso 14 dice que muchos se sorprenderían, y luego el 15 dice que también los gentiles, entonces el verso 14 habla de los "no gentiles", es decir, está diciendo que muchos de Israel serían los sorprendidos, primero, por su situación, donde tendría una apariencia que no parecería humana, y no porque fuese así, sino porque algo le pasó entre israelitas que lo hizo verse así; Esto es así porque aún los alemanes eran gentiles. Dice que esos gentiles quedarán callados ante él, no por un poder militar, sino porque «verán lo que no les habían contado», ¿de qué está hablando Isaías? «Y lo que no habían oído lo entenderán». ¿No es lo mismo que constantemente se dice del Elegido? Israel cree por su tradición, pero los gentiles creerán por testimonios propios, sin depender de tradiciones. Pero, ¿esto qué tiene que ver con el contexto y con Israel? ¿Qué es lo que quiere dar a entender? Si afirma que aquello que no les habían contado, lo verán, está dando a entender que serán testigos de cosas que pasaron, pero, si pasaron, ¿cómo serán testigos de ellas? Y si dice que ni siquiera se las habían contado, ¿qué serían esas cosas que no les habían contado?

Si la comprensión de los intérpretes no llega al grado de asimilar que está hablando de que el poder de Dios y las cosas hechas por Él serían también testimonios a muchos gentiles, en vano los eruditos se esfuerzan por estudiar las Escrituras. Claramente esto habla de gentiles recibiendo revelación divina y testimonios sobrenaturales, y esto se relaciona con el contexto de "aquel" herido por Israel. Otrosí, el capítulo 53 empieza preguntando: «¿Quién ha creído a nuestro anuncio?» (vers. 1) ¿Qué anuncio? Los judíos no van por ahí predicando a las gentes, ni mucho menos a las naciones. ¿A quién anunciaron algo y quiénes fueron todos aquellos que no les creyeron ni tuvieron fe en ellos? ¿Acaso los judíos se predicaban unos a otros en los guetos? ¿Qué coherencia tiene el verso 2 con Israel? «No hay apariencia (forma) en él, ni honor (gloria); y le veremos, pero sin apariencia deseable.» ¿Cómo que no tiene forma? ¿Israel está desfigurado? Si es por la dispersión, ¿cómo veríamos a Israel si estaba dispersa? Solo Dios podría saber donde estaba cada uno de los descendientes de Israel. ¿Y por qué tendríamos que apreciar o desear a Israel? ¿No tiene una forma agradable para desearle? ¿Habla de la nación en sí, o de un territorio en sí? ¿Acaso Israel era nación antes del holocausto? Si no era una estructura, no podía tener "resplandor", "gloria" o "belleza" (estaban sin su tierra, expatriados, sin identidad nacional de la cual gloriarse o lucir "hermosos").

El verso 1 también pregunta, «¿y sobre quién se ha manifestado el brazo de Iaheveh? Subirá cual renuevo delante de él, y como raíz de tierra seca...» ¿A qué viene esa pregunta? ¿Sobre quién más iba a manifestarse? La pregunta no vendría a cuento si la respuesta fuese obvia. Según la 'Jewish Publicación Society', la referencia a "brazo" es respecto del hijo de Dios. La definición "brazo", en hebreo es 'Zeroah', una analogía del Hijo de Dios que tiene la raíz y cognado del vocablo 'Zera' (simiente, semilla, linaje). ¿A quién se manifestó el hijo del Altísimo? ¿A Israel? Si fuese así, la pregunta sobra, y no podría ser el agregado de «¿quién ha creído a nuestro anuncio?», a menos que dé a entender que precisamente no fue recibido por quién se suponía que le había de recibir. Y de quien habla «se alzará como planta nueva delante de él, como raíz de tierra seca» ¿Habla de los judíos? Los judíos de Alejandría tradujeron a la versión griega que «se anunciará delante de él, como un niño, como raíz en tierra seca». Al usar la palabra helena 'Paidíon', se refirieron a un muchacho, un chico, un niño, lo cual habría que conjeturar si es el mismo "niño" que les es nacido y del que se anuncia en otros pasajes.

Pero veamos el verso 3: «Despreciado y dejado entre varones, varón de dolores, experimentado en quebranto; [quitamos] la cara de él» ¿Quién está hablando? ¿Los israelitas hablan de Israel en tercera persona? Hablan de una tercera persona, en singular, a quien despreciaron, desecharon, vieron que fue entendido en el dolor, se desentendieron de él. Pero, ¿quiénes lo dicen? «Fue despreciado, y no lo reconocimos.» ¿Cuándo ocurrió eso? ¿A quién no reconocieron? Si Israel como israelita profetiza eso sobre Israel, ¿cómo es que dice que "no le reconocimos"? ¿Cuándo los israelitas despreciaron Israel, su amada nación? ¿Y qué es lo que no "reconocieron"? ¿Acaso no conoce Israel o los judíos su propia identidad? ¿Qué es lo que tenían que reconocer, o quién era aquel al que no reconocieron? Dice el verso 4 que «cargó nuestro sufrimiento», siendo 'Jalei' un vocablo que los eruditos judíos tradujeron al griego como 'Amartías' (pecados). Aunque queramos ignorar que ese supuesto Israel de que endechan los propios israelitas, cargó sus sufrimientos – y no sus pecados -, ¿cuándo y cómo fue eso de que "cargó" sus sufrimientos (o 'enfermedades')? ¿Qué Israel fue ese que se responsabilizó de las enfermedades de los suyos, siendo el propio Israel quien se queja de la mezquindad de sí mismo (Israel)? Porque luego añade que ese supuesto Israel «soportó nuestros dolores». Esta interpretación que dan, no tiene ningún sentido ni se ajusta a la realidad ni a la historia.

Si Israel desechó a Israel, ¿cómo es que Israel se preocupó por el dolor, la enfermedad y el sufrimiento de Israel? Explica el verso que son egoístas consigo mismos siendo altruistas consigo mismos. Y a pesar de eso quienes hablan del supuesto Israel en tercera persona dicen que ellos lo entendieron o reconocieron como «dolido, herido de Elohim y en opresión». Si lo que pretenden insinuar es que los judíos que sufrieron pagaron el precio por la redención de Israel, y que por ellos regresaron a su tierra retomándola, están aceptando que los seres humanos también pueden pagar el precio de la redención de otros. Entonces los cristianos no están tan locos al afirmar que Yeshua nazareno se entregó como sacrificio para redimir a los que en él creen. Si se acepta que los judíos sufrientes a manos de la Alemania nazi pagaron para que Israel retornase, ¿por qué no podía Yeshua ha.Notzri hacer lo mismo, no por un territorio geográfico sino por aquellos que creen en su nombre? Si efectivamente un hombre o más pueden redimir a una nación, ¿no podrían gentiles e israelitas ser redimidos por un hombre, como Yeshua nazareno, entregando su vida? ¿Dios quiso que los judíos padeciesen para que la nación fuese perdonada, pero no habría querido que el rabino de Galilea se entregase al martirio y la muerte para perdonar a muchos?

Isaías nos habla de una "opresión" infligida a aquel de quien habla, y que se describe como humillado, abatido, afligido. O sea, Israel interpretó que sus desgracias fueron voluntad de Dios, pero no saben asimilar cómo es que Dios iba a permitir un mal sobre Israel si se supone que se preocuparon por el herido, el enfermo, el sufrido y el acongojado. ¿En qué tipo de Dios incoherente es que creen, que paga mal por bien? Irónicamente ya en los siglos II al IV los rabinos creían que esta cita se refería al Mesías, tal como señala el Talmud de Babilonia a propósito del académico Ieper, un discípulo del rabino Judah haNasi (el que fue herido por leperosy). Ni siquiera en la antigüedad los judíos pensaban que estas palabras fuesen algo ajeno al Mesías, y simplemente vino a ser aplicado al holocausto por conveniencia. El verso 5 afirma que ese supuesto Israel «fue herido por su iniquidad», una iniquidad que se entiende como rebelión, pecados, ofensas; Pero sigue hablando en tercera persona, pues no dice "fuimos heridos por nuestra iniquidad", sino que "él" fue el herido por "nuestra" iniquidad. El que interpreta esto se saca a sí mismo de la historia mostrando a alguien fuera del que sufre por el narrador, que es algo plausible en la sintaxis. Y del mismo individuo dice que fue «contrito por nuestros pecados». Lo más ilógico en esta interpretación de que se trata de Israel, es que asumen que todo esto le vino a Israel por su pecado, cuando contrariamente aquí el pasaje dice que quien sufrió este castigo lo hizo fue para «darnos la paz». ¿Qué explicación tiene esto? ¿Cuándo ocurrió esto y de qué manera?

¿Cuáles fueron esos pecados de Israel que debían pagar? Si hablamos de los judíos, ¿qué pecaron cometieron en los años 40, o antes, para caer sobre ellos la mano de los nazis? Si los judíos venían sufriendo el vituperio y persecuciones por más de 20 siglos, ¿cómo es que ahora esto se presupone como un castigo? ¿Es que creen ellos en un dios sádico? Si pecaron gravemente para ser expulsados de su tierra por los romanos, ¿qué habrá sido eso tan grave que cometieron? Ya habían sido expulsados varias veces, pero esa fue la más larga, al menos para Judah. ¿No habría sido el "karma" por matar al Mesías? Y si desde entonces fueron acumulando males que pagaron en la Segunda Guerra Mundial, ¿cuáles eran esos males tan graves como para causarles ese sufrimiento? ¿La violación de la ley de Moisés? Esa ley dice que si incumples una norma las incumples todas, así que si no hay templo ya no se pueden efectuar todo el resto, y recordemos que tampoco hay sacerdocio, ni altar, etc. ¿Los van a culpar de algo que está fuera de su mano poder hacer? Entonces, ¿pagan para regresar a su tierra o pagan por pecados cometidos? ¿Cuál es la lógica de esta interpretación?

Y además dice que «por sus llagas fuimos nosotros sanados», pero, ¿cuándo pasó eso y de qué forma? Si la desgracia que vino sobre Israel fue perdonada por algo o alguien, ¿quién lo hizo, cómo o cuando? Y ¿cuál fue el resultado de eso? Desde que el templo fue destruido y los judíos expulsados, hasta el regreso a la tierra de Israel, ¿dónde entra esta versión de los hechos? ¿Qué es eso de que «fuimos sanados» si el regreso de Israel dependió de una votación de las Naciones Unidas en 1947? ¿Alguien se sacrificó por Israel en 1947 para que fuese restituido el país? ¿Fue el holocausto? ¿Quién de los judíos de Europa se sacrificó voluntariamente para que Israel fuese restituido? ¿Cuáles fueron las heridas o llagas que tenían los judíos en los campos nazis? Los propios protocolos alemanes sobre el mantenimiento de prisioneros y trabajadores exigía a los funcionarios que los obreros estuviesen en buena salud para desempeñar plenamente las funciones de fabricación (ya que los guetos eran la zona de residencia para los judíos que eran explotados en las industrias de producción militar armamentística alemana). Por un trabajador muerto, el funcionario debía pagar el precio de su cabeza, ya que era mano de obra perdida, y no fue sino hasta el año 44 que el oficial Heinrich Himmler determinó que los judíos debían ser rápidamente asesinados para que tras un juicio internacional sobre el ejército alemán, no quedasen en el país libres precisamente aquellos que eran odiados: los judíos. En consecuencia, ¿de dónde se presupone esa idea de yagas o heridas en un personal que debía estar sano, y si era asesinado era directamente fusilado?

El verso 6 dice que a pesar del extravío del supuesto Israel - hablando de una tercera persona - a pesar de ello, «IHVH arremetió contra él todos nuestros pecados». No dice que los castigó a ellos por su error, sino a "él", de quien sigue hablando en tercera persona, y lo diferencia de quienes se están quejando, como dos cosas diferentes, siendo el uno justo y los otros injustos. ¿Por qué iba Dios a cargar sobre los judíos por TODOS los pecados de Israel? ¿Sin consultárselo a ellos? ¿De forma arbitraria y forzada? ¿Cómo explica eso la ley de Moisés, si ella misma afirma tácitamente que nadie pagará por el pecado de otro? Eso dijo Moisés, que no puedes cargar la culpa de alguien a otro, sin no es su culpa; la culpa de cada cual es su propia culpa, su propia responsabilidad. El deudor es el que debe, no pueden culpar a otros por su deuda, y solo puede mediar otro si VOLUNTARIAMENTE paga la deuda. En consecuencia, sujetos a la ley hemos de preguntar, ¿los más de millón y medio (o 2 millones, según otras cifras) de judíos europeos se presentaron como voluntarios para pagar por la tierra de Israel y/o por los pecados de todo Israel? Mientras Israel fue llevado a la fuerza por babilonios, y por guerra por los romanos, el verso 8 dice que fue tomado «por arresto y juicio», ¿qué Israel ha sido arrestado y llevado a juicio? ¿Cuándo pasó eso? ¿En la Segunda Guerra Mundial? Y si los judíos creen que habla de ellos, y que este verso habla de aquel tiempo en que Israel fue humillado, entonces hablamos del recuerdo más triste de la historia de Israel.

Pero al referirse a esa humillación y juicio, arguye que fue «quitado», es decir, su sufrimiento y juicio fueron el "puente" o "razón" que conllevó a que fuese tomado, llevado o quitado. Esto anda tiene que ver con el holocausto y no encaja en la forzada interpretación ortodoxa, ya que los judíos no fuimos quitados a causa de un juicio. Al decir 'Lakaj' (tomar), no habla en primera persona. Agrega que aunque no fue "injusto" le ocurrió esto. La suposición de que los tales judíos son injustos pero pagan por su pecado es una contradicción. No obstante, no es esto de lo que habla el pasaje – para empezar porque los judíos no pasaron por ningún tribunal, sino que sin proceso judicial fueron llevados a campos de trabajo -, pues pregunta: «y sobre su generación quien meditará». ¿No se supone que es esto lo que más traen a la memoria los judíos? Si fue el holocausto o las guerras judeo-romanas, ¿lo olvidaron? ¿Cómo pues dice "quién meditará" sobre aquella generación? ¿No será que sobre lo realmente ocurrido ninguno querrá meditar? Irónicamente la propia palabra 'Ishujaj', es la misma raíz de 'Ieshua', y en gematría son equivalentes (tienen un valor de 53). Pero otros traducirían «su generación quién la reconocerá», y aunque fuese así, todos vemos el linaje de Israel que ha permanecido, mas de aquel de quien habla Isaías no hay memoria de que tuviese linaje, y el propio verso explica el motivo: «porque fue quitado de la Tierra de los vivos». ¿Se murió? ¿Se lo llevaron de este mundo? Me pregunto si los judíos europeos fueron abducidos en los guetos por los extraterrestres.

Ese de quien habla el pasaje es el mismo de quien dice que «por la rebelión de su pueblo fue golpeado». Pero Israel no está en el cielo, Israel no está en el mundo de los "no vivos", Israel tiene descendencia. Empero, Isaías habla de otro, aunque las almas de muchos judíos hubiesen partido de este mundo. La versión griega del verso 10 nos dice que el Señor determinó quebrantarlo «si ofrecía lo concerniente al pecado, y su vida para ver semilla». Nada de lo que ocurrió a los judíos en Europa fue decisión voluntaria de ellos. Ya griega el verso 11, en griego, que «a causa del trabajo de su alma» verá la luz. ¿El trabajo de su alma o de su vida? ¿Qué labor desempeñaron los judíos de por vida para ver "la luz"? Esto habla de una consagración, y pocos son los que desde su niñez se ofrecían enteramente al servicio espiritual. El verso 9 y el 12 aplican la definición 'Parédothi' (traición, entrega), para referirse a él dando su vida hasta la muerte. Una cosa es entregarse que lo maten a uno, directamente, y otra el proceso de ir "entregándola", hasta morir. Esto es un padecimiento progresivo que además es referido como si él mismo se hubiese entregado a sí mismo o hubiese traicionado su propia seguridad personal para lograr ese fin de expiar el pecado de muchos.

Si fuese el holocausto, ¿cómo iba a hablar de ellos como nación si llevaban 1800 años sin ser nación? Y si habla de su pecado, ¿qué pecado cometieron antes de la Segunda Guerra Mundial para sufrir eso? No puede hablar de Israel por la sencilla razón de que Israel no existe como tal desde el año 722 a. e. c., cuando Sargón II tomó el reino del norte con sus más de 9 tribus. Lo que quedó fue Ihudah (Judá) y un remanente de Benjamín y otras minorías. Los judíos no representan a Israel: solo son 1 de las 12 tribus de Israel, y la mayoría, por ende, sigue dispersa a saber por dónde. Es más, la mayoría de judíos europeos (ashkenazi) no eran realmente judíos – como sí lo eran los sfaradim – sino que eran jázaros que se habían convertido al judaísmo, y que habían migrado desde el sur de Europa del este desde el siglo VIII d. e. c. Ahora bien, aquel de quien se habla, afirma Isaías que se estableció su "sepultura" con condenados, malos, inicuos, pero a la final su muerte fue con los ricos. ¿Cuándo ocurrió esto a Israel o a los judíos en el holocausto? ¿Dónde está la sepultura de Israel? ¿Quiénes fueron esos malvados con quienes se dispuso su tumba? ¿Cómo es que está muerta si Israel sigue vivo? ¿Quiénes fueron los "ricos" con quienes murió? Si realmente Israel recibió lo que merecía por su maldad, ¿cómo es que Isaías dice lo contrario? «Aunque no hizo violencia ni engañó en su boca».

Fue pacífico y verdadero, ¿y aún así fue castigado por sus iniquidades? ¿Qué iniquidades? Esto es una contradicción. Dice el verso 10 que aún a pesar de esto Iaheveh quiso sujetarlo a debilidad y a quebrantamiento hasta que «como castigo pusiese su alma». Pero, ¿cómo que debilidad si ya antes del claustro y abuso nazi los "judíos" habían sido expulsados de Judeah por los romanos, y antes habían sido fragmentados por la deportación babilonia, y antes las 12 tribus habían sido divididas por Salmanasar? ¿Y castigo de qué, si se supone que no hizo nada malo? ¿Está hablando de un Israel pecador y un Israel justo? Isaías está diciendo que a pesar de su rectitud, Dios le puso en sufrimiento hasta entregar su vida para pagar el castigo del pecado de otros. No puede hablar de su propio pecado, porque fue justo, y por ende está hablando del pecado de otros, por el cual está entregando su alma. Es pues tras haber hecho esto de dar su vida (cosa que Israel nunca ha hecho por nadie), que «verá semilla de largos días». Pero si dice que muere, ¿cómo es que tras dar su vida verá semilla, y una semilla que será longeva? ¿Los judíos del holocausto resucitaron ya? ¿Se refiere a la destrucción de Israel y de cómo se mantuvo la simiente hasta hoy? Pero lo cierto es que Israel no fue justo, y si fue injusto y pagó por sus maldades, entonces la persona de la que habla – que es justa y paga por el pecado ajeno – no es Israel.

El verso 11 dice que tras esto, «la labor de su alma verá descanso». Aunque los judíos tradujeron 'Ishba' a la LXX, no como 'descanso' o 'satisfacción', sino como 'luz', ¿qué labor ha hecho Israel? ¿Cuál es el alma de Israel? Labor del alma es la obra de su vida, osa que nada tiene que ver con los judíos, al menos en aquel entonces. ¿Cuál es la labor de Israel tras la cual se verá gratificada? ¿Cumplir la ley de Moisés? ¿Qué ley, si al incumplir una sola norma se incumple toda la ley? Sí, porque si no apedrean al pecador, incumplen la ley; Si no hay templo, no hay servicios, y si no hay servicios no se cumplen las normas sobre el sacerdocio, y si no hay sacerdocio no hay sacrificios, y como no haya sacrificios ni altar para ellos, no hay animales sacrificados para expiación, y si no hay holocaustos no hay remisión de pecados. En consecuencia, desde la destrucción del templo en el año 70 d. e. c., no hay forma de cumplir la ley de Moisés. Y si seguimos analizando ese verso 11º de Isaías 53, añade que «en su saber justificará mi siervo justos a muchos y cargará sus iniquidades» ¿Cómo es eso? ¿Cuál saber de los judíos puede "justificar" a muchos como "justos" si eso solo lo decide Dios? La ley dice que nadie pagará por el pecado de otro, sino que cada cual pagará por su propio pecado. No puedes ser castigado ni responsabilizado por los errores de otros, salvo que te culpabilices de ellos y pagues las consecuencias por ellos como un mártir. En Levítico 16:21 se nos habla del macho cabrío que simboliza el pecado que es remitido al ángel caído Azazel, y ahí se encuentra en notaricon la palabra 'Shiló', al referirse al pasar el pecado al animal por imposición de manos sobre su cabeza. ¿Una casualidad? Si esto es contextual, podemos estar viendo una clara alusión a que el Enviado cargaría el pecado de su pueblo.

El profeta Isaías cierra con broche de oro, afirmando que en definitiva, «le dará porción con los grandes y con los poderosos repartirá botín», pero si Israel será la nación más poderosa del mundo, ¿por qué habla de aliados a iguales, y no inferiores? Me llama la atención que siendo que los judíos esperan a un Mesías libertador, no haya manera de extraer ninguna mención en estos versos al Elegido que los libra, salva o glorifica. En este verso, el pasaje que dice «y con los fuertes dividirá botín» codifica el nombre 'Ieshua'. Y añade que «derramó su alma hasta la muerte» ¿Murió, o no murió? Si reparte botín con otros, cómo lo hace, ¿revivió para estar con los poderosos? Está diciendo que por el hecho de dar su vida por el pecado de otros es que será recompensado, mientras la interpretación judía es que fue herido – no muerto – por causa de su propio mal. Incluso se vuelven a contradecir porque aquí Isaías finaliza aclarando que su premio vino por su sacrificio justo, habiendo él sido «señalado con los rebeldes», a pesar de que él, en vez de ser pecador e injusto, «cargó los pecados de muchos y por los rebeldes intercedió». Dirán que quienes hicieron esto fueron unos pocos fieles que sufrieron por el resto del pueblo, pero el contexto no dice eso, sino que fue un "varón", quien lo hizo; y que fue considerado un criminal aunque no lo era; y que murió; pero también fue sacado del mundo y además tendrá parte futura con los poderosos.

¿Quiénes fueron esos rebeldes con los que fueron puestos o señalados? Incluso esos "rebeldes" son personas por las que INTERCEDIÓ. ¿Cómo que intercedió? ¿Qué judíos mediaron por unos tales rebeldes? Esto de que con "revolucionarios" o "criminales" fue condenado, pero al final su sepultura vino a ser con gente rica está en la pasión de Jesucristo: «Entonces crucificaron con él a dos ladrones, uno a la derecha, y otro a la izquierda.» (Mat. 27:38, R60) Pasión que concluye con oscuridad a pleno mediodía y un terremoto, y entonces le llevan a un sepulcro de un hombre de dinero: «Había un varón llamado José, de Arimatea, ciudad de Judea, el cual era miembro del concilio, varón bueno y justo. Éste, que también esperaba el reino de Dios, y no había consentido en el acuerdo ni en los hechos de ellos, fue a Pilato, y pidió el cuerpo de Jesús. Y quitándolo, lo envolvió en una sábana, y lo puso en un sepulcro abierto en una peña, en el cual aún no se había puesto a nadie.» (Lucas 23:50-53, R60) Curiosamente había miembros del Sanedrín que secretamente eran seguidores de Yeshua (o admiradores, como el rabino Gamaliel): «Después de todo esto, José de Arimatea, que era discípulo de Jesús, pero secretamente por miedo de los judíos, rogó a Pilato que le permitiese llevarse el cuerpo de Jesús; y Pilato se lo concedió. Entonces vino, y se llevó el cuerpo de Jesús. También

Nicodemo, el que antes había visitado a Jesús de noche, vino trayendo un compuesto de mirra y de áloes, como cien libras. Tomaron, pues, el cuerpo de Jesús, y lo envolvieron en lienzos con especias aromáticas, según es costumbre sepultar entre los judíos. Y en el lugar donde había sido crucificado, había un huerto, y en el huerto un sepulcro nuevo...» (Juan 19:38-41, R60)

Ese mismo varón del que habla Isaías fue desfigurado al grado que no parecía una persona, y sería a través de la cual los gentiles verán el poder de Dios; cuyo mensaje no fue creído por "unos"; quien se encargó de las enfermedades y dolencias de muchos; que sufrió por darnos la paz; que fue arrestado y llevado a juicio y condenado como un criminal aunque era hombre justo; a quien se le dio muerte con rebeldes, pero su tumba fue de ricos; cuyo linaje se desconoce porque fue llevado de este mundo, pero que al final tendrá un linaje longevo; quien por su saber justificará a muchos haciéndolos justos y que entregó su vida para pagar por los pecados de muchos e interceder por Israel. Ese no es Israel. Isaías 53:7 dice claramente que, «sometido y él afligido, y no abrió su boca, como cordero para degollar fue llevado, y como oveja ante su cortador enmudecido y no abrió su boca». Se sabe que durante todo el juicio que se le hizo a Yeshua no habló sino unas palabras con Pilatos y realizó una afirmación ante el concilio, pero de resto no respondió cuando lo levaron ante Herodes ni se defendió ante las acusaciones del juicio, que, precisamente, si hizo con minoría del Sanedrín (en contra de la ley), en secreto, de noche, durante la Pascua y, en contra de la ley romana, con sentencia de muerte. O sea, violaron las leyes de Dios y de los hombres para lograr su objetivo.

No es de extrañar encontrar tantos pasajes donde queda constancia de que los líderes religiosos de Israel rechazaron al Mesías, como también nos recuerdan los relatos de los Evangelios: «Y levantándose el sumo sacerdote, le dijo: ¿No respondes nada? ¿Qué testifican éstos contra ti? Mas Jesús callaba. Entonces el sumo sacerdote le dijo: Te conjuro por el Dios viviente, que nos digas si eres tú el Cristo, el Hijo de Dios. Jesús le dijo: Tú lo has dicho; y además os digo, que desde ahora veréis al Hijo del Hombre sentado a la diestra del poder de Dios, y viniendo en las nubes del cielo. Entonces el sumo sacerdote rasgó sus vestiduras, diciendo: ¡Ha blasfemado! ¿Qué más necesidad tenemos de testigos? He aquí, ahora mismo habéis oído su blasfemia. ¿Qué os parece? Y respondiendo ellos, dijeron: ¡Es reo de muerte!» (Mat. 26:62-66, R60), En Números 16:3 hallamos una tácita referencia que recuerda que en su contexto Israel no reconoció al Elegido cuando vino: «Y se juntaron contra Mashah (Moisés) y Aarón y les dijeron: ¡Basta ya de vosotros! Porque toda la congregación, todos ellos son santos, y en medio de ellos está Iaheveh; ¿por qué, pues, os levantáis vosotros sobre la congregación de Iaheveh?» En medio de estas palabras está el nombre 'Ieshua', que evoca al milagro donde sanó a un ciego que fue expulsado del templo por el Sanedrín: «Oyó Jesús que le habían expulsado; y hallándole, le dijo: ¿Crees tú en el Hijo de Dios? Respondió él y dijo: ¿Quién es, Señor, para que crea en él? Le dijo Jesús: Pues le has visto, y el que habla contigo, él es. Y él dijo: Creo, Señor; y le adoró. Dijo Jesús: Para juicio he venido yo a este mundo; para que los que no ven, vean, y los que ven, sean cegados. Entonces algunos de los fariseos que estaban con él, al oír esto, le dijeron: ¿Acaso nosotros somos también ciegos? Jesús les respondió: Si fuerais ciegos, no tendríais pecado; mas ahora, porque decís: Vemos, vuestro pecado permanece.» (Juan 9:35-41, RVA 60)

¿CUÁLES SON LAS SEÑALES CLARAS DE SU MANIFESTACIÓN?

No solo existe el dilema de descubrir las señales de la aparición del Mesías, sino, para los judíos, de explicar cómo es posible que todas las descripciones sobre el Elegido encajasen exactamente con los pasos de Yeshua ha.Notzri, incluso aquellas condiciones que bajo ninguna circunstancia era posible o concebible que las hubiese preparado él mismo. En ese sentido hemos de avaluar los puntos más concienzudos de este debate y ver si fueron "casualidad" o "causalidad". David nos dice en el Salmo 69:9, «Pues el celo por tu casa me ha consumido, y las afrentas de los que te afrentan han caído sobre mí.» El Evangelio del Shlijí (apóstol, misionero) Iojanan (Juan) refiere que «Estaba cerca la pascua de los judíos; y subió Jesús a Jerusalén, y halló en el templo a los que vendían bueyes, ovejas y palomas, y a los cambistas allí sentados. Y haciendo un azote de cuerdas, echó fuera del templo a todos, y las ovejas y los bueyes; y esparció las monedas de los cambistas, y volcó las mesas; y dijo a los que vendían palomas: Quitad de aquí esto, y no hagáis de la casa de mi Padre casa de mercado. Entonces se acordaron sus discípulos que está escrito: El celo de tu casa me consume. Y los judíos respondieron y le dijeron: ¿Qué señal nos muestras, ya que haces esto? Respondió Jesús y les dijo: Destruid este templo, y en tres días lo levantaré.» (Juan 2:13-19, R60)

Es sabido que Yeshua ha.Notzri y gran parte del Sanedrín en los días del sacerdocio de Caifás (quien fuera puesto en el año 18 d. e. c., por el procurador de Judeah, Valerio Grato, en sucesión de Anás), y muchas de las profecías sobre los enemigos del Mesías son usadas por los cristianos, desde los días de la secta de los nazarenos, para argumentar que esos "enemigos" eran dicha oposición que tenía Yeshua entre el Sanedrín. Al entrar en Jerusalem, sabemos que Yeshua lo hizo en un asno, evocando al profeta Zacarías que anunció que así entraría el rey, pero además, la gente lo alabó, incluso los niños: «Pero los principales sacerdotes y los escribas, viendo las maravillas que hacía, y a los muchachos aclamando en el templo y diciendo: ¡Hosanna al Hijo de David! se indignaron, y le dijeron: ¿Oyes lo que éstos dicen? Y Yeshua les dijo: Sí; ¿nunca leísteis: De la boca de los niños y de los que maman Perfeccionaste la alabanza?» (Mat. 21:15-16, R60) La versión de David es mucho más directa, pues afirma: «De la boca de los niños y de los que maman, fundaste la fortaleza, A causa de tus enemigos, Para hacer callar al enemigo y al vengativo.» (Salm. 8:2, R60) ¿Fue esto una casualidad o una circunstancia predestinada por Dios para avergonzar a estos fariseos y escribanos?

Yeshua dijo que esa actitud contraria a su aparente misión divina era a lo que se refería David al decir, «La piedra que desecharon los edificadores ha venido a ser cabeza del ángulo.» (Salm. 118:22, R60) La palabra hebrea que traduce "edificadores" es 'Banah', del mismo cognado de 'Ben' (hijo), lo cual puede aducir a una genealogía, hijos, gremio o conjunto de personas de determinada época que rechazaron esta "piedra", y «De parte de Iaheveh es esto; es una maravilla a nuestros ojos.» (Verso 23) Algunos ven otra coincidencia en la cita que sostiene, «El aliento de nuestra vida, el ungido de Iaheveh, ha sido atrapado en sus fosas; aquel de quien habíamos dicho: "A su sombra viviremos entre las naciones".» (Lamentaciones 4:20, RVA) ¿Por qué él es el "aliento" de "nuestra vida"? ¿Es quien nos da vida, o nos sostiene? Y ¿quién lo atrapó? Si el Elegido debe restituir Israel, ¿cómo es eso que sería la cobertura nuestra en tanto vivimos entre los gentiles? El narrador, además, parece querer decir que calló en las fosas de aquellos mismos que tanto habían esperado en él. La visión del Mesías sufriente y traicionado por los suyos se complementa con el Salmo 22:6-8, que dice: «Mas yo soy gusano, y no hombre; Oprobio de los hombres, y despreciado del pueblo. Todos los que me ven me escarnecen; Estiran la boca, menean la cabeza, diciendo: Se encomendó a Iaheveh; líbrele él; Sálvele, puesto que en él se complacía.» (Salm. 22:6-8, R60)

El libro cristiano de los Hechos de los Apóstoles recoge los detalles de la traición de uno de los 12 principales discípulos de Yeshua, llamado 'Ihudah Aish-Kariot' (Judas varón de Kariot, o Judas Iscariote), para algunos, símbolo de cómo una de las 12 tribus, Judah, es la que da la espalda al Mesías: «Éste, pues, con el salario de su iniquidad adquirió un campo, y cayendo de cabeza, se reventó por la mitad, y todas sus entrañas se derramaron. Y fue notorio a todos los habitantes de Jerusalén, de tal manera que aquel campo se llama en su propia lengua, Acéldama, que quiere decir, Campo de sangre.» (Hech. 1:18-19, R60) El texto griego dice 'Akeldamá' o 'Akeldamáj', posiblemente del hebreo 'Jakal Damá' (como tradujeron las versiones de Franz Delitzsch, de Salkinson-Ginsburg y la Peshita), siendo 'Jakal' alusivo a 'Jakai' (agricultor). Y agregan: «Señor, que conoces los corazones de todos, muestra cuál de estos dos has escogido, para que tome la parte de este ministerio y apostolado, de que cayó Judas por transgresión, para irse a su propio lugar.» (Hech. 1:24-25, R60) David había hablado de esto, y de los que conspiraron contra el Elegido: «Porque boca de impío y boca de engañador se han abierto contra mí; Han hablado de mí con lengua mentirosa; Con palabras de odio me han rodeado, Y pelearon contra mí sin causa. En pago de mi amor me han sido adversarios; Mas yo oraba. Me devuelven mal por bien, Y odio por amor. Pon sobre él al impío,

Y Satanás esté a su diestra. Cuando fuere juzgado, salga culpable; Y su oración sea para pecado. Sean sus días pocos; Tome otro su oficio.» (Sal. 109:2-8, R60)

Estas palabras evocan tanto al reemplazo de un de los 12 apóstoles como al juicio que se hizo contra Yeshua: «Y los principales sacerdotes y todo el concilio buscaban testimonio contra Yeshua, para entregarle a la muerte; pero no lo hallaban. Porque muchos decían falso testimonio contra él, mas sus testimonios no concordaban. Entonces levantándose unos, dieron falso testimonio contra él, diciendo: Nosotros le hemos oído decir: Yo derribaré este templo hecho a mano, y en tres días edificaré otro hecho sin mano. Pero ni aun así concordaban en el testimonio.» (Mar. 14:55-59, R60) Pero también respecto de cómo Aish-Kariot traicionó a su maestro, se sabe que fue profetizado, porque le dieron 30 piezas de plata por delatarle, y al darse cuenta de su error quiso devolverlas, pero no las aceptaron, sino que les echaron al arca del tesoro: «Entonces Judas, el que le había entregado, viendo que era condenado, devolvió arrepentido las treinta piezas de plata a los principales sacerdotes y a los ancianos, diciendo: Yo he pecado entregando sangre inocente. Mas ellos dijeron: ¿Qué nos importa a nosotros? ¡Allá tú! Y arrojando las piezas de plata en el templo, salió, y fue y se ahorcó. Los principales sacerdotes, tomando las piezas de plata, dijeron: No es lícito echarlas en el tesoro de las ofrendas, porque es precio de sangre. Y después de consultar, compraron con ellas el campo del alfarero, para sepultura de los extranjeros. Por lo cual aquel campo se llama hasta el día de hoy: Campo de sangre.» (Mat. 27:3-8, R60) ¿Acaso los fariseos no conocían las Escrituras?

La traducción de la Reina Valera 1960, dice: «Y les dije: Si os parece bien, dadme mi salario; y si no, dejadlo. Y pesaron por mi salario treinta piezas de plata. Y me dijo Iaheveh: Échalo al tesoro; ¡hermoso precio con que me han apreciado! Y tomé las treinta piezas de plata, y las eché en la casa de Iaheveh al tesoro.» (Zac. 11:12-13)

No habla de "salario", sino de "recompensa" (en hebreo 'Sakar', en griego 'Misthón'); al decir, "y si no, dejadlo", no se refiera a que si no querían no le pagasen, sino que si no estaban de acuerdo le liberasen, le dejasen en libertad; ¿luego dice "preciosa recompensa con que me han apreciado"?; También es una error de traducción y apreciación aducir a que las piezas fueron tiradas al "tesoro", sino que se discutió sobre depositarlas en el tesoro, pero se concluyó comprar un campo para foráneos y se refería asimismo a cómo Judas "cayó" y se reventó. Además, Zacarías no escribió 'ha.Otzer' (el tesoro), sino 'ha.Iotzer' (el alfarero). Es sobre este Judas que David dijo: «Aun el hombre de mi paz, en quien yo confiaba, el que de mi pan comía, Alzó contra mí el calcañar. Mas tú, Iaheveh, ten misericordia de mí, y hazme levantar, Y les daré el pago.» (Sal. 41:9-10, R60) ¿Qué quiere decir que puso sobre él el talón, y de ahí que tuviese que "levantarse"? En la jerga hebrea, levantarse es idea de Resucitar. ¿Y quién era ese que de su propio pan comía y luego le traicionó? «Habiendo dicho Jesús esto, se conmovió en espíritu, y declaró y dijo: De cierto, de cierto os digo, que uno de vosotros me va a entregar. [...] Él entonces, recostado cerca del pecho de Jesús, le dijo: Señor, ¿quién es? Respondió Jesús: A quien yo diere el pan mojado, aquél es. Y mojando el pan, lo dio a Judas Iscariote hijo de Simón. Y después del bocado, Satanás entró en él. Entonces Jesús le dijo: Lo que vas a hacer, hazlo más pronto.» (Juan 13:21-27, R60)

Otro dato de aquella misma noche lo refirió Zacarías al decir, «Levántate, oh espada, contra el pastor, y contra el hombre compañero mío, dice Iaheveh Tzabaot. Hiere al pastor, y serán dispersadas las ovejas; y haré volver mi mano contra los pequeñitos.» (Zac. 13:7, R60) ¿Quién es el pastor que es atacado con espadas, el cual es "compañero" del que habla? Ese pastor es herido y su "rebaño" se dispersa, pero si fuesen animales de lo que habla, no agregaría que ahora se vendrían contra los "pequeños", tal como el rabino había advertido a sus seguidores que ocurriría con él tras su pasión. «Y respondiendo Jesús, les dijo: ¿Como contra un ladrón habéis salido con espadas y con palos para prenderme? Cada día estaba con vosotros enseñando en el templo, y no me prendisteis; pero es así, para que se cumplan las Escrituras. Entonces todos los discípulos, dejándole, huyeron. Pero cierto joven le seguía, cubierto el cuerpo con una sábana; y le prendieron; mas él, dejando la sábana, huyó desnudo.» (Mar. 14:48-52, R60) Yeshua les había avisado de esto horas antes: «Entonces Jesús les dijo: Todos vosotros os escandalizaréis de mí esta noche; porque escrito está: Heriré al pastor, y las ovejas del rebaño serán dispersadas. Pero después que haya resucitado, iré delante de vosotros a Galilea.» (Mat. 26:31-32, R60)

No podemos obviar la similitud tan grande de estas palabras con lo que le ocurrió al nazareno en su agonía: «Entonces crucificaron con él a dos ladrones, uno a la derecha, y otro a la izquierda. Y los que pasaban le injuriaban, meneando la cabeza, y diciendo: Tú que derribas el templo, y en tres días lo reedificas, sálvate a ti mismo; si eres Hijo de Dios, desciende de la cruz. De esta manera también los principales sacerdotes, escarneciéndole con los escribas y los fariseos y los ancianos, decían: A otros salvó, a sí mismo no se puede salvar; si es el Rey de Israel, descienda ahora de la cruz, y creeremos en él. Confió en Dios; líbrele ahora si le quiere; porque ha dicho: Soy Hijo de Dios.» (Mat. 27:38-43, R60) La historia de la pasión de Yeshua ha.Notzri es básicamente la misma que se describe del Ungido, y no es posible que el nazareno planease esto, a menos que fuese un demente maniático para el cual fuese más importante hacer historia que preocuparse por su propia vida. Aún así, los episodios ocurridos sucedían más allá de sus posibilidades, ya que él no podía controlar lo que ocurría, siendo él el condenado.

En otro salmo (22:18), David vuelve a decir otra cosa que no tiene nada que ver con su historia, y por ende debe tratarse de "otro": «Repartieron entre sí mis vestidos, Y sobre mi ropa echaron suertes.» ¿Cuándo ocurrió eso a David? El apóstol de Yeshua que estuvo delante de él en el calvario, contó que «cuando los soldados hubieron crucificado a Jesús, tomaron sus vestidos, e hicieron cuatro partes, una para cada soldado. Tomaron también su túnica, la cual era sin costura, de un solo tejido de arriba abajo. Entonces dijeron entre sí: No la partamos, sino echemos suertes sobre ella, a ver de quién será.» (Juan 19:23-24, R60) En el mismo capítulo 22, de este salmo, David dice: «Me han rodeado muchos toros; Fuertes toros de Basán me han cercado. Abrieron sobre mí su boca Como león rapaz y rugiente. [...] Porque perros me han rodeado; Me ha cercado cuadrilla de malignos...» (Salm. 22:1213 y 16, R60) ¿De quién podría él estar hablando y qué tiene que ver esto con el contexto de la narrativa? ¿Quiénes eran esos que le rodeaban y le injuriaban?

David en este capítulo dice cosas muy extrañas, como «He sido derramado como aguas, Y todos mis huesos se descoyuntaron» (vers. 14), ¿Qué le pasaba? ¿Acaso le halaban con fuerza las extremidades? «Como un tiesto se secó mi vigor, Y mi lengua se pegó a mi paladar.» (vers. 15) ¿Acaso estaba muerto de sed? ¿Qué le pasaba a este hombre? Pero David dice que mientras estaba en esta agonía, esos enemigos estaban delante mirándole: «Entre tanto, ellos me miran y me observan.» (vers. 17) Y añade algo fulminante: «Contar puedo todos mis huesos», ¿cómo que los puede contar? ¿Por qué tiene que contarlos? En la tortura que le hacían era consciente de que, a pesar de todo, no llegaron a romperle ninguno de sus huesos, lo cual es la misma descripción sobre el martirio de Yeshua, porque aunque le golpearon, y hasta le atravesaron con una lanza en el costado, no te fracturaron ni un hueso. Incluso David dice, «Horadaron mis manos y mis pies.» (Vers. 16) ¿Le perforaron las manos y los pies? Aún así no le quebraron estructura ósea alguna, lo cual indica que debieron atravesarle con algo de pequeñas dimensiones, como los clavos de la crucifixión, y hacerlo entre las falanges y/o entre el radio, cubito y los huesos semilunares, escafoides y piramidales, como se realizaba para colgar a los crucificados y que no se desgarrasen. Por eso dice, «Libra de la espada mi alma» (Vers. 20), ya que el Mesías no fue asesinado en guerra, sino traicionado y clavado en un madero.

El Salm. 69:21 nos dice, «Me pusieron además hiel por comida, Y en mi sed me dieron a beber vinagre.» ¿Cuándo le pasó eso al rey David? El texto hebreo más correctamente dice que en cuanto a "alimento" le dieron 'Rash' (cabeza, veneno), pero de cualquier manera esto encaja con la crucifixión de Yeshua: «Después de esto, sabiendo Jesús que ya todo estaba consumado, dijo, para que la Escritura se cumpliese: Tengo sed. Y estaba allí una vasija llena de vinagre; entonces ellos empaparon en vinagre una esponja, y poniéndola en un hisopo, se la acercaron a la boca. Cuando Jesús hubo tomado el vinagre, dijo: Consumado es. Y habiendo inclinado la cabeza, entregó el espíritu.» (Juan 19:28-30, R60) Además de esto, ¿lo del 'Rash' significará algo? Si reconstruimos las palabras y las configuramos en una alusión a "dar" y la "cabeza", podríamos conjeturar – aunque pareciese un tanto forzado – que en vez de alimentarle "le dieron en la cabeza". La historia nos cuenta que Yeshua no comió nada en toda aquella noche, no durmió, no bebió nada y, para colmo, fue torturado y golpeado (principalmente en la "cabeza"): los solados que le llevaron al pretorio, «escupiéndole, tomaban la caña y le golpeaban en la cabeza.» (Mat. 27:30, R60), otro relató que «algunos comenzaron a escupirle, y a cubrirle el rostro y a darle de puñetazos, y a decirle: Profetiza. Y los alguaciles le daban de bofetadas.» (Mar. 14:65, R60).

Los últimos momentos de Yeshua ha.Notzri en la cruz son de los episodios más conocidos de la historia, y análisis y estudios médicos de expertos han descrito que este rabino murió de asfixia, cuando su corazón ya no podía bombear más sangre. Algunos han descrito la agonía como si su corazón se hubiese cuasi derretido antes de exhalar su respiro final. Esto coincide con las palabras de David, al decir, «Mi corazón fue como cera, Derritiéndose en medio de mis entrañas.» (Sal. 22:14, R60) Pero la frase emblemática del momento en que Yeshua entrega el espíritu resalta por sobre todas las demás, y que recogeré de la versión del rabino Baal Shem Tov: «"Mira, (como) tú querías desolar el templo de ha'El y (edificarlo) en tres días, ¡sálvate a ti mismo! Si eres Hijo de ha'El, bájate del madero". Y los principales sacerdotes y los ancianos del pueblo se burlaban de él diciendo: "A otros salvó, a sí mismo no puede salvarse. Si es el rey de Yisrael que se baje ahora del árbol, y creeremos.- Como confió en 'El, pues que lo salve ahora si se quiere, porque él dice que es el Hijo de Elohim". [...] Desde la sexta hora descendió una oscuridad sobre toda la tierra hasta la hora novena. Y Yeshúa exclamó en alta voz diciendo, en la lengua sagrada: "¡Elí, Elí, ¿lamá azavtáni?". Y uno de los que estaban parados allí dijo: "Este está llamando a Eliyah".» (Mat. 27:40-47)

Sabemos que ese ruego significa "Poderoso mío, Poderoso mío, ¿por qué me has abandonado?", y es una frase profética de David sobre el Mesías (porque David nunca dijo esto de sí mismo): «Dios mío, Dios mío, ¿por qué me has desamparado?» (Sal. 22:1, R60) En lengua hebrea la cita es exactamente igual. Todo el Salmo 22 está hablando de la agonía del Mesías, en conformidad con el código oculto en Isaías 49:14, en la frase «me has dejado, Iaheveh, y el Señor se ha olvidado de mí», donde se encuentra el nombre 'Ieshua'. Otro dato curioso es de Proverbios 22:12, donde dice que los ojos de Iaheveh velan por el conocimiento pero trastorna las palabras de los incrédulos: Ahí hay otro anagrama de 'ben dauid', y coincide con las palabras de Yeshua, «Te alabo, Padre, Señor del cielo y de la tierra, porque escondiste estas cosas de los sabios y de los entendidos, y las revelaste a los niños.» (Mat. 11:25) Lo más interesante es que la palabra 'Natró', que se entiende como 'vela', también traduce 'su nazareno', es decir, traduce «los ojos de IHVH están sobre el entendimiento del su nazareno», y continúa con una permutación que dice «y sobre las palabras de José».

Además de estas referencias a que "trastorna a los entendidos" y "confunde a los sabios" – que se encuentra en más profecías – cumple lo dicho por el rey y profeta, al anunciar: «Abriré mi boca en proverbios; Hablaré cosas escondidas desde tiempos antiguos, Las cuales hemos oído y entendido; Que nuestros padres nos las contaron.» (Salm. 78:2-3, R60) ¿En proverbios? Dice 'Mashal' que refiere parábolas, comparativas, analogías o similitudes (incluso el Targum traduce 'Matal', que es 'parábola'), y se sabe que así enseñaba Yeshua grandes misterios, tal como vaticinó Ezequiel: «Y dije: ¡Ah, Adonai Iaheveh! ellos dicen de mí: ¿No profiere éste parábolas?» (Eze. 20:49, R60) Los evangelios constatan esto una quincena de veces: «Entonces, acercándose los discípulos, le dijeron: ¿Por qué les hablas por parábolas? Él respondiendo, les dijo: Porque a vosotros os es dado saber los misterios del reino de los cielos; mas a ellos no les es dado. Porque a cualquiera que tiene, se le dará, y tendrá más; pero al que no tiene, aun lo que tiene le será quitado. Por eso les hablo por parábolas: porque viendo no ven, y oyendo no oyen, ni entienden. De manera que se cumple en ellos la profecía de Isaías, que dijo: De oído oiréis, y no entenderéis; Y viendo veréis, y no percibiréis.» (Mat. 13:10-14, R60); y añade, que «Todo esto habló Jesús por parábolas a la gente, y sin parábolas no les hablaba; para que se cumpliese lo dicho por el profeta, cuando dijo: Abriré en parábolas mi boca; Declararé cosas escondidas desde la fundación del mundo.» (Mat. 13:34-35, R60)

¿LA CRUZ GUARDA ALGUNA RELACIÓN CON EL ELEGIDO?

El cristianismo ha usado símbolos determinantes para identificarse, desde la cruz (especialmente en el catolicismo) hasta el pez (más propia de la vertiente evangélica), así como los judíos utilizamos la Menorah (candelabro de 7 brazos, que evoca a la zarza en llamas que vio Moisés y a los planetas del sistema solar y los días de la semana) o la magen David (estrella o sello de David o Salomón, que representa al hombre). Si bien, todos estos símbolos ya eran conocidos en la antigüedad, aún antes de la aparición de hebreos o cristianos (puede que no la Menorah, pero sí la idea del número 7), y es entendible que fuesen cambiando de valor con el emerger de nuevas culturas, creencias y filosofías: basta ver como ejemplo la sagrada esvástica, que es un símbolo del universo, la eternidad y la perfección, pero dejó de representar este concepto en casi todas partes a causa de la Alemania nazi. A la inversa, los judíos usaban la Menorah, pero el hexagrama (estrella de 6 puntas) comenzó a hacerse popular realmente hacia el siglo VII a. e. c., esencialmente en las bodas, por la idea de unión de los amados (Cantares 6:3). Estos símbolos tienen un trasfondo clave, ya que nos recuerdan cosas específicas y programan la mente inconsciente en valores predeterminados, de manera que produzcan una reacción y respuesta determinada: por ello la ley del Sinaí se basó estrictamente en simbolismos.

La Revelación de Elías nos dice que justo antes de la llegada del Ungido, aparecerá un anti-Mesías (Anticristo, Al-Dajjal, Armilius, Belial) – tal como sostienen infinidad de otras profecías -, quien engañará al mundo con poderosas señales similares a las del Elegido, pero que podrá reconocerse, especialmente al saber cómo realmente vendrá el Enviado: «Cuando el Ungido llegue, vendrá como un palomar, con una corona de palomas rodeándole y marchará sobre las nubes del cielo con el signo de la cruz precediéndole. El universo entero le verá como al sol que resplandece, desde las regiones del Oriente hasta las regiones del Poniente. Así vendrá, con todos sus ángeles rodeándolo.» (Apocalipsis de Elías 3:2-4) ¿La señal de la cruz? Salomón nos revela en las Odas, «Extendí mis manos para santificar a mi Amo, Pues la extensión de mis manos es su signo: Y mi expansión es como el árbol recto.» (Oda 27:1-3) Si este manuscrito es genuino, nos da a entender que Salomón consideraba que si "amo" tenía por simbolismo el 'Etz' (árbol, madera, madero) erguido, pero con las manos "extendidas". Repite esto en la Oda 42, «Extendí mis manos y las acerqué a mi Amo, Porque la extensión de mis manos es Su signo: Mi expansión es el árbol extendido, el cual estaba levantado en el camino del Justo.» (Vers. 1-3) ¿Árbol extendido? Hablando de la profundidad bíblica, 'cruz' en hebreo es 'Tzeleb', que en numerología es 122. El mismo '122' es la suma de la frase «para los hijos de Israel yo soy el que soy» (Éx. 3:14).

¿Capítulo 3, versículo 14? El 3,14 es el patrón del diámetro de un círculo sobre su circunferencia, el patrón perfecto del círculo (y el círculo es el símbolo de la perfección, la vida, la existencia y la eternidad). Cuando el ángel habla a Moisés le dice que para los hijos de Israel Él se presentará como 'Eheieh' (Seré), y la frase completa de cómo le identificarán, dice realmente, «para los hijos de Israel Seré.» Esto es clave, porque es un pasaje sagrado y revelador. La cruz, dado que no era un concepto hebreo sino romano, se entendía como una forma de muerte lenta, en una agonizante tortura, que aplicaban los romanos a los rebeldes y a los que no se sujetaban al imperio. La Cruz simboliza una carga y un sacrificio a consciencia, ya que los condenados debían llevar a hombros el propio pedazo de madera que sería donde les clavarían hasta desangrarse o morir por deshidratación o asfixia (Yeshua duró unas horas, por la condición en la que estaba, pero algunos llegaban a estar clavados por días hasta que fallecían). Los judíos conocían la maldición de morir en un madero, pero no en una cruz, ya que la cruz era un madero con un palo transversal (era su equivalente); en todo caso provocaron la muerte de Cristo de esa forma, toda vez que el simbolismo es el mismo (la madera, aunque haya sido cortada de un árbol, no deja de ser árbol), y por esa razón los religiosos increparon a Yeshua: «si eres hijo de Dios, desciende del madero.» (Mat. 27:40) No dijeron 'mi.Tzeleb' (de la cruz) sino 'mi.Etz' (del árbol, de la madera, del madero), por lo que se deja claro que provocaron este asesinato así para maldecir a Yeshua, ya que ellos sí sabían el significado del tronco de madera y el hombre colgado en él - mas Cristo cambió la maldición en bendición (el pecado en vida) -.

«Por tanto, nosotros también, teniendo en derredor nuestro tan grande nube de testigos, despojémonos de todo peso y del pecado que nos asedia, y corramos con paciencia la carrera que tenemos por delante, puestos los ojos en Jesús, el autor y consumador de la fe, el cual por el gozo puesto delante de él sufrió la cruz, menospreciando el oprobio, y se sentó a la diestra del trono de Dios. Considerad a aquel que sufrió tal contradicción de pecadores contra sí mismo, para que vuestro ánimo no se canse hasta desmayar. Porque aún no habéis resistido hasta la sangre, combatiendo contra el pecado; y habéis ya olvidado la exhortación que como a hijos se os dirige, diciendo: Hijo mío, no menosprecies la disciplina del Señor, Ni desmayes cuando eres reprendido por él; Porque el Señor al que ama, disciplina, Y azota a todo el que recibe por hijo.» (Carta a los Hebreos 12:1-6, Nuevo Testamento – RVA 60) Técnicamente Yeshua no murió entonces en un madero, como tal. La definición hebrea usaba la referencia de 'Etz' (árbol), como quien es puesto o clavado en un árbol: «Si alguno hubiere cometido algún crimen digno de muerte, y lo hiciereis morir, y lo colgareis en un madero, no dejaréis que su cuerpo pase la noche sobre el madero; sin falta lo enterrarás el mismo día, porque maldito por Dios es el colgado; y no contaminarás tu tierra que Iaheveh tu dios te da por heredad.» (Deut. 21:22-23, R60) Se ha confundido eso de «colgado en un madero», ya que madera es 'Aá' (escrito con las letras Alef y Ain). La voz 'Tzeleb' (letras abjad Tzade, Lamed y Beit) no existe en la historia bíblica antes de Cristo, ni siquiera es descrita en el vocabulario antiguo, incluyendo el arameo, por lo que posiblemente fuera una referencia conocida como dos palos de madera transversales (ya que la palabra no era latina sino que partía de la Tzade, igual que Etz, que es árbol, junto con Leb, que es corazón: "justo lo que sale del corazón del árbol", o sea, la madera o el madero), pero la idea propiamente dicha de la crucifixión llegó a Israel por parte de los romanos.

Tzeleb en orden alefático suma 32, igual que Ulam (pórtico), donde está el pilar derecho (el del Mesías), y Shebet (cetro), que es el liderazgo de Judah, a donde ha de sentarse el Ungido. Cobra más sentido la frase de Salomón: «Extendí mis manos para santificar a mi Amo, Pues la extensión de mis manos es su signo: Y mi expansión es como el árbol recto (o cruz).» La Cruz también denota problemas personales, maldición y muerte, pero en el caso de cómo Yeshua se menciona en Mateo 10:38 y 16:24, sin haber sido aún condenado ni haber dicho que moriría en una Cruz, hace alusión a morir a sí mismo para seguirle, arriesgándose a padecer de la peor manera, incluso a manos de gente sin Dios: «El que ama a padre o madre más que a mí, no es digno de mí; el que ama a hijo o hija más que a mí, no es digno de mí; y el que no toma su cruz y sigue en pos de mí, no es digno de mí. El que halla su vida, la perderá; y el que pierde su vida por causa de mí, la hallará. El que a vosotros recibe, a mí me recibe;

y el que me recibe a mí, recibe al que me envió.» (Mat. 10:37-40, R60) Otra connotación es abandonarse a tal grado que no importe ser herido por extraños, ya que la comunidad estaba familiarizada con el suplicio de la crucifixión en ese entonces. Es significativo que ni la definición hebrea, Tzeleb, ni la griega, 'Stauroson' (que inicia con las letras jónicas 'Sigma' y 'Tau', usadas - una al lado de la otra - en el sistema numérico heleno como el número 6, que en gematría es la cifra del "Hombre") - o 'Staurou' (donde posiblemente provenga la voz inglesa "Stair" (escalera), y/o 'Star' (estrella)) -, sean utilizadas históricamente, sino la latina 'Crucem' o 'Cruci' (cruz), como si Dios, a sabiendas de que Roma absorbería al cristianismo, tratara de poner un estrecho vínculo significativo entre el Mesías y el madero con palo anexo transversal.

Por eso el sonido "Cr-is-[to]" (del griego 'Jristós', o sea, 'ungido', del mismo cognado que 'Jristalos' (transparente, puro, cristiano, hielo), 'Jrisólito' (crisólito) o 'Jrisíon' (oro, dorado)) y "Cr-uz" parecieran salir lingüísticamente de la misma fuente. La voz griega Stauros (estaca, estacada, empalizada, cruz, crucifixión o palo), parece formarse de la unión de "S" (Sigma, del griego Sima: cavidad, hendidura, hueco, encorvado hacia arriba) y "Taurou" (toro, que es la cúspide emblemática del sacrificio ritual), o simplemente de "ST" (6) y "Auron" ("Gran Aura", pues proviene de Aúra o Aúras (soplo de aire, brisa, aura; viento) y Aúrion (mañana), que es, en relación al día después de hoy o día siguiente – no la madrugada -). La palabra Stauros se forma 7 letras (Sigma, Tau, Alfa, Ipsilon, Ro, Omicron e Ipsilon), con sus alusiones correspondientes: Sigma (hundimiento o pendiente –vista desde abajo-), Tau (alusivo al toro), Alfa (el comienzo de la palabra, también asociado con Alfano: dar, dar en rescate o procurar), Ipsilon (derivado posiblemente de Ipsi: arriba, en lo alto, a gran altura; elevado), Ro (raíz de Romaios (romanos) y de Rogaleos (roto, rasgado o desgarrado)) y Omicrón, de cuya raíz sale Ómigurizomai (reunir), Ómireía (prenda de amistad o seguridad), Ómireo (encontrarse con), Óm-iros (fianza o rehén) y Ómiléo (tener trato con…, encontrarse con…, comportarse, difundirse, reunirse, venir a las manos, frecuentar, morar en…, entregarse o dedicarse). No es casualidad que sean 7 letras las que componen la definición 'Stauros'.

En el caso de Simón de Cirene (cuando carga la cruz de Yeshua), el texto dice Staurón, donde la última letra (Nu o Ni) es raíz de Nízo (lavar, limpiar; expiar, reparar), el mismo sonido de la fuente semítica-fenicia de "nazar" (consagrado). También parece que Dios tuvo presente el concepto astrológico y geométrico de la Cruz, pues este elemento, como signo, señala la raíz de todas las formas y conexiones espaciales (es la fuente de todas las cosas y de todos los elementos), incluido el sol y el zodiaco. La Cruz representa un palo erguido con otro horizontal que refleja lo de arriba y lo de abajo, el Cielo y la Tierra, y así sucesivamente (la unión de todas las polaridades por "aquel" que está en medio). Igualmente se subdivide en 4 fracciones, mostrando la partición del Cielo en 4 secciones, el zodiaco en 4 grupos, el cerebro en 4 áreas (2 de la parte masculina y 2 de la parte femenina), los extremos en 4 orientaciones (norte, sur, oriente y occidente) y el año en 4 estaciones; a la vez que el 4 representa la autoridad delegada por Dios a "quien tiene la potestad", y también identifica los elementos base (agua, fuego, aire y tierra). La Cruz asimismo muestra las 6 direcciones de la energía astral (delante, atrás, derecha, izquierda, arriba y abajo), que comprende también al hombre (cuyo número es el 6, precisamente) y a la expansión de la Creación en ciertas creencias muy remotas (lo que se asocia con el Logos: la Palabra), pues parte de 3 dimensiones (alto, largo y ancho), que representan la magnitud, y por ende, el amor (Ef. 3:18-19) y el perdón (arriba es Dios, abajo es uno mismo y los lados vienen a ser los demás, el prójimo: el círculo interno, que es la familia, a un lado, y el círculo externo, que son las demás personas, al otro lado) cuando se observa en 4 dimensiones (anchura, longitud, profundidad y altura).

La Cruz es también la base del Árbol de la Vida de la Cábala y de la Flor de la Vida de la Geometría Sagrada. Es incluso el patrón al que sigue el Número Áureo y la Espiral de Fibonacci, con lo cual incluye todo y es la fuente matriz de lo existente (recordando que la matemática es la regla que explica el cosmos). Visualmente, la Cruz es una "X" curvada, por lo que se representa de la misma manera que la equis, cosa que en la mente se percibe como la letra griega 'Ji' (número 600), pero asemeja la griega 'Xi' (Cs, que es numéricamente 60), aspecto que junto con las iniciales de Stauros (ST = 6) reflejan que Cristo es el 'hijo del hombre', toda vez que su número es cualquier resultado directo del 6, como el 60 o el 600. Incluso la 'Ji' griega es numéricamente 600, y es la inicial de nombre Cristo, en griego. La Cruz también se asocia con el Anj egipcio, símbolo de la vida, que pareció adoptarse por los coptos en Egipto; este emblema habría representado también el nacer de nuevo y la eliminación del culto a Astarot. Asimismo, la Cruz refleja 4 ángulos de 90 grados y en geometría sagrada significa el reconocimiento de un vínculo con el conocimiento que ha determinado el desarrollo hasta la fecha, igual que el punto, la línea, el triángulo, el cuadrado, el pentágono y el círculo (las bases de los Sólidos Platónicos).

El elemento relativo a la "madera", el "árbol" y la "cruz" – analogías unas de otras – es tan profundo como para consagrarle un libro en particular, y nos lleva a sagrado simbolismo de los árboles y la resurrección, al reencarnación y el revivir. La Tanaj es especialmente rica en simbolismos sobre árboles, sea del cedro, la acacia, la vid, el roble, el olivo, la higuera, el manzano, agáloco, algarrobo, álamo, ébano, ciprés, almendro, el árbol del incienso, del pistacho, el tamarisco, terebinto, nogal, palmera, pino, granado, sauce o sicómoro, lo cual deja de manifiesto que este tema es de crucial importancia. Ya desde los inicios del Génesis nos hablan de un 'Etz' relativo a los bueno y lo malo, y otro 'Etz' para adquirir la inmortalidad, y el árbol se usa como alusión a cobertura, sabiduría, inteligencia, la mente, el universo, la genealogía o la conexión entre los mundos. Yeshua pudo haber sido apedreado, que habría sido lo más evidente y estadísticamente plausible, o que le atravesasen con una espada o una flecha enviada por un sicario de sus enemigos, haber sido ahorcado, ahogado, u otra forma de muerte, pero, contrariamente, fue fuera de los esquemas esperados y bajo una pena creada aparentemente por los asirios.

¿Qué significa "clavarte a un árbol"? Es una imposición. ¿Imposición a qué? A todo lo que representa el árbol, y eso incluso sus "frutos": «Yo soy la vid verdadera, y mi Padre es el labrador. Todo pámpano que en mí no lleva fruto, lo quitará; y todo aquel que lleva fruto, lo limpiará, para que lleve más fruto. Ya vosotros estáis limpios por la palabra que os he hablado. Permaneced en mí, y yo en vosotros. Como el pámpano no puede llevar fruto por sí mismo, si no permanece en la vid, así tampoco vosotros, si no permanecéis en mí. Yo soy la vid, vosotros los pámpanos; el que permanece en mí, y yo en él, éste lleva mucho fruto; porque separados de mí nada podéis hacer. El que en mí no permanece, será echado fuera como pámpano, y se secará; y los recogen, y los echan en el fuego, y arden. Si permanecéis en mí, y mis palabras permanecen en vosotros, pedid todo lo que queréis, y os será hecho. En esto es glorificado mi Padre, en que llevéis mucho fruto, y seáis así mis discípulos.» (Juan 15:1-8, R60)

¿REALMENTE EL ENVIADO HABÍA DE MORIR Y RESUCITAR?

En lengua hebrea y aramea, no existe un equivalente a la definición castellana 'Resucitar'. Este término es realmente de origen latín 'Resuscitare', derivando de 'volver' a 'suscitar', que por extensión de comprende como volver a suscitar la vida de alguien. Aún así, la palabra que más veces usa la propia traducción bíblica latín (Vulgata) es 'Resurgere' (resurgir), y solo en una ocasión aplica la forma 'Resurrexerit': en Marcos 9:10, precisamente cuando los discípulos se preguntaban qué sería eso de lo que hablaba Yeshua al referirse a 'Ikum' (levantarse), que en griego tradujeron 'Anastinai' y en la Peshita 'Nakum'. Precisamente – como explico detalladamente en mi obra 'Trascendencia' (2016) - la definición hebrea 'Takum' (levantar) tiene el componente místico que aduce al estado postrer tras el despertar de la conciencia, y se suele confundir con 'Tijai' (revivir) por la falta de comprensión de estas ideas y su profundidad hasta el día de presente. La Tanaj habla muchas veces de "levantarse", y en estricto rigor es conveniente comprender que detrás del uso de esta palabra hay una referencia relativa a la trascendencia y evolución del alma, y además, implica la liberación del espíritu del lugar en donde reside tras desencarnar. Si dice "levantar" porque se entiende que en un sentido figurativo el alma está aprisionada o alejada de la "luz" espiritual, y ha de "alzarse" a la gloria superior y celeste.

Eso quiere decir que el Mesías, efectivamente puede conocer la muerte, tanto para adquirir otro grado de experiencia (saber lo que es la muerte y a dónde van las almas) como para posteriormente dejar el cuerpo mortal y revestirse del cuerpo glorioso. Hay muchos ejemplos que podemos citar sobre esta materia, como el Salmo 41, donde David, antes de hablar de ese traidor que entrega al Elegido dice, «Mis enemigos dicen mal de mí, preguntando: ¿Cuándo morirá, y perecerá su nombre? Y si vienen a verme, hablan mentira; Su corazón recoge para sí iniquidad, Y al salir fuera la divulgan. Reunidos sobre mí susurran contra mí todos los que me aborrecen; Declaran injuriándome: Belial se ha derramado en él; Y quien ha sido postrado ya no volverá a levantarse.» (Sal. 41:5-8) Dado que la historia de David está bien desarrollada y tratada en la Tanaj, esta descripción, ¿dónde encaja? David habla de otra persona, alguien cuyos enemigos quieren muerto y que su memoria y "nombre" sea perpetuamente olvidado; vienen a él con mentiras y le critican al dejarle; se reúnen en su contra y dicen de él que está poseído por el demonio y que una vez muerto ya no resucitará. Adivinemos de quién será que está hablando: «Y tú también por la sangre de tu pacto serás salva; yo he sacado tus presos de la cisterna en que no hay agua.» (Zac. 9:11, R60) ¿La sangre de su pacto?

Ningún pacto se hizo con Iaheveh que fuera de sangre, ¿o sí? Un pacto de sangre – la muerte de alguien como expiación – para salvar al pueblo. Pero, ¿cuál es esa "cisterna" en la cual no hay agua? En hebreo dice 'Bor' (cisterna, pozo, hoyo), eufemismo para referirse al inframundo (por eso dice que ahí no hay "agua", sea en un sentido metafórico del alivio, o al ser un sitio infernal). Entonces no los salva con su sangre de morir, sino del Sheol, de donde rescata las almas de los que entran en ese pacto. «Inclinad vuestro oído, y venid a mí; oíd, y vivirá vuestra alma; y haré con vosotros pacto eterno, las misericordias firmes a David.» (Isa. 55:3-5) ¿Un pacto nuevo, uno eterno? «He aquí que vienen días, dice Iaheveh, en los cuales haré nuevo pacto con la casa de Israel y con la casa de Judah. No como el pacto que hice con sus padres el día que tomé su mano para sacarlos de la tierra de Egipto...» (Jer. 31:31-32, R60) el mismo que establecerá ese nuevo pacto será «por testigo a los pueblos, por jefe y por maestro a las naciones», pero además de esto creará una nueva congregación, una de gente que era desconocida para los hebreos, y quienes le amarán, para honrar al dios que no hace acepción de personas: «He aquí, llamarás a gente que no conociste, y gentes que no te conocieron correrán a ti, por causa de Iaheveh tu dios, y del Santo de Israel que te ha honrado.»

Hoshá (transcrito 'Oseas', que realmente significa "salva"), nos revela en el capítulo 6:2 de su libro, que «tras dos días nos vivificará, y al tercero nos levantará y estaremos ante Él.» Primero nos vivifica – o le vivifica -, y al tercer día lo "levanta". ¿Qué es "vivificar"? El vocablo hebreo dice 'Ijainu' (nos volvió a la vida), pero, ¿quiénes están diciendo que pasados 2 días los revivió, y al 3º los "resucitó"? ¿Partiendo de qué momento se cuentan esos 2 días, más el siguiente? ¿Quién está hablando o de parte de quién habla? Otro ejemplo es el Salmo 86, donde David anuncia: «Te alabaré, oh Iaheveh dios mío, con todo mi corazón, Y glorificaré tu nombre para siempre. Porque tu misericordia es grande para conmigo, Y has librado mi alma de las profundidades del Sheol. Oh Dios, los soberbios se levantaron contra mí, Y conspiración de violentos ha buscado mi vida, Y no te pusieron delante de sí. Mas tú, Adonai El-Rajum (Dios Misericordioso) y Janun (Clemente), Lento para la ira, y grande en misericordia y verdad, Mírame, y ten misericordia de mí; Da tu poder a tu siervo, Y guarda al hijo de tu sierva. Haz conmigo señal para bien, Y véanla los que me aborrecen, y sean avergonzados; Porque tú, Iaheveh, me ayudaste y me consolaste.» (Salm. 86:12-17, R60)

¿Dios libró a David del Hades? La sepultura de David era conocida. Él no fue llevado al cielo como Elías o Henoc. ¿Cómo es eso de que le "libró" del Sheól? Hay unos "soberbios", que vinieron contra él conspiraron contra su vida y no tuvieron temor de Dios en lo que hacían, y él parece recibir una "señal", "poder" que muestra a los que le aborrecen para que queden "avergonzados". ¿De qué estará hablando David? Pero otra vez vuelve a anunciar el rey David: «Te glorificaré, oh Iaheveh, porque me has exaltado, Y no permitiste que mis enemigos se alegraran de mí. Iaheveh dios mío, A ti clamé, y me sanaste. Oh Iaheveh, hiciste subir mi alma del Sheol; Me diste vida, para que no descendiese a la sepultura.» (Salm. 30:1-3, R60) ¿El alma de David no descendió al Sheól sino que dios le dio vida (lo revivió), así lo "sanó" y logró que sus enemigos no se alegraran de él (de su muerte, se sobreentiende)? ¿Qué enemigos tuvo David en su muerte? ¿Dónde hay constancia de que David haya revivido? Más bien, ¿de qué otro estaba profetizando este rey? «Bendeciré a Iaheveh que me aconseja; Aun en las noches me enseña mi conciencia. A Iaheveh he puesto siempre delante de mí; Porque está a mi diestra, no seré conmovido. Se alegró por tanto mi corazón, y se gozó mi alma; Mi carne también reposará confiadamente; Porque no dejarás mi alma en el Sheol, Ni permitirás que tu santo vea corrupción. Me mostrarás la senda de la vida; En tu presencia hay plenitud de gozo; Delicias a tu diestra para siempre.» (Salm. 16:7-11, R60)

¿Qué es esto? ¿Iaheveh aconsejaba a David aún en sueños? ¿Al estar Iaheveh a su derecha nunca fue sacudido? ¿No fue David el que traicionó la ley y la fe al hacer morir a un hombre justo deliberadamente (Urías), adulteró con su mujer y además la tomó por esposa? ¿No fue por el censo de David que vino una mortandad? ¿Nunca fue conmovido? ¿De qué otra persona estaba realmente vaticinando el rey? Sí, ese que se alegra porque su alma no fue "dejada" en el Sheól, o sea, estuvo muerto, estuvo en el Hades, pero no permaneció ahí. Alguno dirá que David esperaba su resurrección, pero aquí enfatiza que Iaheveh no permitiría que "viese corrupción".

¿Quién es su "santo"? Es ese "santo", de cuyo contexto de haber sido muerto, no llega a estar en el Hades el tiempo suficiente para que su cuerpo "vea corrupción". ¿Cuánto tiempo puede estar un cuerpo muerto antes de empezar a corromperse (putrefactarse)? Los primeros efectos comienzan entre el 2º y 3er día. Entonces ese "santo" debió estar en el Sheól menos de 3 días para que su cuerpo no llegase a degradarse, y entonces "vivió". Por eso dijo David también, «Aunque ande en valle de sombra de muerte, No temeré mal alguno, porque tú estarás conmigo; Tu vara y tu cayado me infundirán aliento.» (Sal. 23:4, R60) ¿Valle de sombra de muerte? Es el mismo lugar del que dijo Isaías que muchos verían "luz" que les resplandecería.

El 'Geia Tzlemot' es un lugar del inframundo, siendo 'Geia' la idea de un valle o colina, mientras 'Tzlemot' es la combinación de las formas 'Tzel' (sombra) y 'Mevet' (muerte), pero Tzel es la raíz de 'Tzelem' (imagen, apariencia), por lo que aduce a un lugar es que es imagen del inframundo. En otras palabras, es un sitio semejante al Hades, lo cual encaja con otras descripciones sobre el lugar de los justos difuntos. El ejemplo de Isaías mejora esta descripción: «El pueblo que andaba en tinieblas vio gran luz; los que moraban en tierra de sombra de muerte, luz resplandeció sobre ellos.» (Cap. 9:2, R60) Nos vuelve a hablar de la región de Tzlemot, donde algo ocurre que se resplandece y llega a luz a los que ahí estaban aprisionados. El rey Salomón nos cuenta en sus Odas, el Mesías fue rechazado, lo dieron por muerto, y descendió a "liberar" a muchos de los que estaban allá "abajo": «No perecí aunque ellos planearon eso contra mí. El Seól me vio y trató de destruirme, Pero la muerte me lanzó fuera y a muchos junto conmigo. Fui hiel y amargura para ella, y descendí al extremo de sus profundidades: Y los pies y las manos tuvo que soltarme, porque no fue capaz de resistir mi rostro: Y entonces hice una congregación de vivientes de entre sus muertos, y hablé con ellos por medio de labios vivientes, Para que mi Palabra no fuera infructuosa, Y esos que habían muerto corrieron hacia mí: y clamaron y dijeron: 'Hijo de Dios, ten piedad de nosotros, y haz con nosotros de acuerdo a Tu bondad, Sácanos de las ataduras de la oscuridad, y ábrenos la puerta para poder emerger hacia Ti, Porque hemos visto que nuestra muerte no te ha tocado, Déjanos ser redimidos contigo, porque Tú eres nuestro Redentor'. Y atendí sus voces; y mi nombre fue sellado sobre sus cabezas, Porque ellos ahora son libres y son míos para siempre. Aleluya.» (Oda 42:14-26)

Estas Odas hablan constantemente del Mesías, y todas las descripciones son exactamente las mismas de la pasión de Jesucristo, incluso dicen tácitamente «mi Amo Mesías» (al menos 7 veces dice explícitamente "Mesías"), pero, como de costumbre, dado que Yeshua es una figura cristiana, y no se acepta con virtud en el judaísmo, se considera que este texto fue posterior al nacimiento del cristianismo (el escritor latino y apologista cristiano, Lucio C. Firmiano Lactancio lo menciona sobre el 260 d. e. c.). De cualquier manera, sea que quiera desvalorizar todos y cada uno de los textos que relaciones la imagen del Mesías con la de Yeshua, lo cierto es que la propia Tanaj no deja lugar a dudas sobre el paralelismo que existe. Hemos visto algunos ejemplos de las veces que asimismo David habló de librarle del Sheol, siendo que todos saben que David murió, así que no pudo escapar de la muerte, y mucho menos decir que "le dio vida para que no bajara" ALLÁ. El profeta Jonás (cap. 2) mismo no pudo haber hablado por él mismo en el vientre del gran pez, porque las palabras de Jonás no tienen sentido en consonancia con su experiencia dentro del pez. Por ende, Jonás hablaba de otra persona al decir que fue llevado a "lo profundo" (aún cuando Jonás no podía saber a qué profundidad estaba desde dentro del "pez" y en completa oscuridad), a la propia "base de los montes" (la corteza terrestre). Las ballenas no descienden más de 3.000 metros de profundidad, y mucho menos son topos, como para meterse bajo tierra a la "base de los montes". Él mismo dice que clamó "desde el Sheól", no desde un pez, y antes de recibir respuesta "3 días más tarde", ya dice, «y me oíste».

Jonás habla de un río en el corazón profundo de los mares, ¿qué río? ¿El Aqueronte de la laguna Estigia del mito griego del Hades? ¿Estaba dentro de un monstruo marino o en un río que está debajo de los océanos y debajo de la Tierra? Habla de que aún verá el "santo palacio" de Dios, pero, ¿no era ese el mismo Jonás rebelde y desinteresado de toda obra santa? ¿Desde cuánto tenía Jonás deseo de ver el palacio de Dios? Y a todas estas, ¿cuál es ese "palacio"? Jonás además nos dice que un "seto" le apretó la cabeza... ¿un seto? Algo como una red o cuerda que le apretaba las sienes. ¿Acaso estaba atado de manos para no quitarse eso de la cabeza o evitar que se le fuese enredando? ¿Y por qué precisamente en la cabeza? Miremos esta coincidencia: «Y vistieron a Yeshúa en ropas de seda y lo cubrieron con un manto de seda verdosa. Hicieron una corona de espinas y la pusieron sobre su cabeza y pusieron una vara en su mano derecha y se inclinaban burlándose de él (diciendo): "Shalom alekha, rey de los yahuditas".» (Mateo 27:29, versión del rabí Baal shem Tov) ¿Hablaría de una corona de espinas en su cabeza? Pero, ¿cómo es eso que la "tierra" le puso "su" barrote detrás de él al haber bajado, como quien al entrar al Hades ya no le es permitido salir?

Todo el capítulo 2 de Jonás parece una clara narrativa de un descenso literal al inframundo del que posteriormente regresa a los 3 días. Es más, el propio Jonás refiere que entonces fue "elevado a la vida", y le completó (cumplió) sus votos, pero ¿qué votos si Jonás no le prometió nada a Dios? Esto de los 3 días en la muerte y la posterior vuelta a la vida aparece más de una vez en las Escrituras. Un código que encripta este hecho se halla en 1ª Rey. 12:5, donde dice «hasta tres días y volvió», cuyas palabras acrónimas conforman la palabra 'Ieshua'. Respecto de la profecía de que el Mesías debía morir, en 2ª Rey. 9:26 se halla un mensaje críptico en «la sangre del comunicador (Nebot) y la sangre de su hijo», donde la frase arma el anagrama acrónimo de 'ben daud' (Hijo de David). El texto que dice "sangre de su hijo", suma 102, igual que "bnei ha adam" (el hijo del hombre). Incluso en el sistema de gematría poco usado y que es más de los jasidistas - que da centenas a las letras finales - donde ambas frases también coinciden como 1.312. En el Salmo 106:38 aparece otra vez en notaricón (iniciales) el acrónimo de 'ben daud', en la frase «derramaron sangre inocente, sangre de sus hijos y sus hijas», además, en bacrónimos (letra final de cada palabra), de la misma frase sale la estructura de "iomim romim nafatz" (fueron dispersados en los días de los romanos). La palabra 'Nafatz' no solo significa 'dispersar', sino romper o quebrantar. Este es otro pasaje críptico que aduce a que el hijo de David apareció en el tiempo de los romanos, cuando Judah fue masacrada y los judíos dispersados; No aduce a la profecía de Ramá, de los niños muertos, porque esos fueron solo varones, pero sí a cuando dijeron los judíos «su sangre sea sobre nosotros y sobre nuestros hijos», y entonces fueron masacrados y luego expulsados de Judeah. Eso también podría explicar porqué en Números 35:30, en la frase «alma sobre la cual se da testimonio de haber sido asesinada», se esconde el término 'Mashiaj'.

Ahora bien, sobre los pasajes donde David habla de "aquel" que desciende al Sheol y regresa, hay códigos ocultos, como el Salmo 6:4, donde David dice a Iaheveh que le libre y le salve, y donde encontramos que desde el verso 3 la frase, «cuándo vuelve Iaheveh libra», se halla en notaricón el título de 'Mashiaj' – y sabemos que los términos relativos a 'Shubah' engloban todas las ideas y acepciones sobre 'regresar', 'arrepentirse', 'salvar' y 'resucitar' -. Podría tratarse de una mera casualidad, pero Números 9:6 y 9:10 contienen el título 'Shiló' – con 7 y 5 letras de separación -, y justamente ahí se habla de personas que habían estado con algún cadáver, e igualmente se asociaba con la celebración de la Pascua. Recordemos el Salmo 116, que nos dice: «Amo a Iaheveh, pues ha oído Mi voz y mis súplicas; Porque ha inclinado a mí su oído; Por tanto, le invocaré en todos mis días. Me rodearon ligaduras de muerte, Me encontraron las angustias del Sheol; Angustia y dolor había yo hallado. Entonces invoqué el nombre de Iaheveh, diciendo: Oh Iaheveh, libra ahora mi alma. Clemente es Iaheveh, y justo; Sí, misericordioso es nuestro Dios. Iaheveh guarda a los sencillos; Estaba yo postrado, y me salvó. Vuelve, oh alma mía, a tu reposo, Porque Iaheveh te ha hecho bien. Pues tú has librado mi alma de la muerte, Mis ojos de lágrimas, Y mis pies de resbalar. Andaré delante de Iaheveh En la tierra de los vivientes. Creí; por tanto hablé, Estando afligido en gran manera. [...] Tomaré la copa de la salvación, E invocaré el nombre de Iaheveh. Ahora pagaré mis votos a Iaheveh Delante de todo su pueblo. Estimada es a los ojos de Iaheveh La muerte de sus santos. Oh Iaheveh, ciertamente yo soy tu siervo, Siervo tuyo soy, hijo de tu sierva; Tú has roto mis prisiones.» (Versos 1-16, R60)

David nos dice acá que ese "alguien" invocó al Señor y fue oído y rescatado del Hades, situación a la que llegó tras una gran angustia y sufrimiento; reconoce que Iaheveh lo atendió porque es sencillo de corazón, y que estuvo "postrado" y le salvó (no estaba, por ende, postrado orando, sino muerto), entonces regresó al "mundo de los vivientes", descubriendo así la salvación de Iaheveh (trascender a la muerte y alcanzar la vida verdadera, la eterna); es entonces, como también dice Jonás, que cumplirá los votos dados a Iaheveh: cumple su papel para el cual se consagró a Iaheveh. ¿Y antes entonces qué hizo? Y, ¿en qué consisten esos votos que vendría a desempeñar tras su resurrección? ¿Habrá una segunda venida con otra misión, una con la cual está comprometido con Iaheveh? ¿Es la alusión a que vino primero como un salvador del alma y luego vendrá como sucesor de David el trono? Es lógico que habla de la muerte de un santo, pues como se sabe sobre los profetas que Israel asesinó, fueron mártires y santos para Dios – materia incluida en el contexto -, y al mismo éste en particular es "su siervo". Tenemos entonces que el Mesías sí muere, ve el Sheól, pero regresa y ha de seguir la segunda parte de su misión, pero al bajar rescató a muchos que yacían allá: «En ti esperaron nuestros padres; Esperaron, y tú los libraste. Clamaron a ti, y fueron librados; Confiaron en ti, y no fueron avergonzados.» (Sal. 22:4-5, R60)

¿Es posible que esto nos esté hablando de que el Mesías rescató las almas de los patriarcas y profetas de las entrañas del Hades? La historia cristiana nos cuenta que cuando Yeshua murió se había oscurecido el cielo, y al expirar hubo un gran terremoto, el velo se rompió y muchas tumbas fueron abiertas: «Y los sepulcros se abrieron y muchos de los que dormían en el polvo se levantaron. Y salieron de sus sepulcros y después (de esto) entraron en la ciudad santa, y se revelaron a muchos. Y los capitanes de centenas y los que estaban parados con él vigilando a Yeshúa vieron el terremoto y las cosas que sucedieron y se asustaron muchísimo diciendo: "En verdad éste era Hijo de Eloah".» (Mateo 27:52-54, versión de Shem Tov) ¿Se puede corroborar esta historia? Hay testimonio de que un gran terremoto ocurrió en ese entonces y también que hubo una gran oscuridad a pleno mediodía, pero incluso David lo profetizó: «Ligaduras del Seol me rodearon, Me tendieron lazos de muerte. En mi angustia invoqué a Iaheveh, Y clamé a mi Dios. El oyó mi voz desde su templo, Y mi clamor llegó delante de él, a sus oídos. La tierra fue conmovida y tembló; Se conmovieron los cimientos de los montes, Y se estremecieron, porque se indignó él.» (Salm. 18:5-7, R60)

En un reporte de una aparente carta que envió Poncio Pilatos – procurador de Judeah en aquel momento – al emperador, se cuenta sobre la muerte de Yeshua: «Ahora, cuando él fue crucificado, hubo obscuridad en todo el mundo y el sol se oscureció por medio día, y las estrellas aparecieron, pero ningún lustre se veía en ellas; Y la luna perdió su brillantez, como si se hubiera teñido de sangre; y el mundo de los muertos fue tragado: de tal manera que el mismo santuario del templo, como lo llaman, no le apareció a los judíos en su caída, sino que percibieron un gran hoyo en la tierra, y el vaivén de truenos sucesivos. Y entre este terror, los muertos aparecieron levantándose otra vez, mientras los judíos mismos fueron testigos, y dijeron que fue Abraham, e Isaac, y Jacob, y los doce patriarcas, y Moisés, y Job, quienes habían muertos antes, como dicen, hace tres mil quinientos años. Y había muchos quienes yo mismo vi apareciendo en cuerpo, y se lamentaban de los judíos, por la transgresión que cometieron ellos, y pos la destrucción de los judíos y de su ley. Y el terror del terremoto continuo hasta la sexta hora de la preparación hasta la novena hora...» (Carta de Pilatos al César, registro de la Biblioteca del Congreso de los EE.UU.)

En los manuscritos de Nag Hammadi (Egipto) también se cuentan estos antecedentes: «Y, mientras ellos no salían de su asombro, uno de los soldados a quienes habían encomendado la guardia del sepulcro entró en la Sinagoga y dijo: Cuando vigilábamos la tumba de Jesús, la tierra tembló y hemos visto a un ángel de Dios, que quitó la piedra del sepulcro y que se sentó sobre ella. Y su semblante brillaba como el relámpago y sus vestidos eran blancos como la nieve. Y nosotros quedamos como muertos de espanto.» (Ev. Nicodemo 13:1) luego agrega, «Y José, levantándose, dijo a Anás y a Caifás: Razón tenéis para admiraros, al saber que Jesús ha sido visto resucitado y ascendiendo al empíreo. Pero aún os sorprenderéis más de que no sólo haya resucitado, sino de que haya sacado del sepulcro a muchos otros muertos, a quienes gran número de personas han visto en Jerusalén.» (17:1) Pero, ¿no dice la tradición ortodoxa judía que Yeshua no resucitó sino que sus seguidores hurtaron su cadáver e inventaron que había resucitado? «Y hubo un gran terremoto; porque un ángel del Señor, descendiendo del cielo y llegando, removió la piedra, y se sentó sobre ella. Su aspecto era como un relámpago, y su vestido blanco como la nieve. Y de miedo de él los guardas temblaron y se quedaron como muertos.» (Mat. 28:2-4, R60)

Mateo agrega que «unos de la guardia fueron a la ciudad, y dieron aviso a los principales sacerdotes de todas las cosas que habían acontecido. Y reunidos con los ancianos, y habido consejo, dieron mucho dinero a los soldados, diciendo: Decid vosotros: Sus discípulos vinieron de noche, y lo hurtaron, estando nosotros dormidos. Y si esto lo oyere el gobernador, nosotros le persuadiremos, y os pondremos a salvo. Y ellos, tomando el dinero, hicieron como se les había instruido. Este dicho se ha divulgado entre los judíos hasta el día de hoy. Pero los once discípulos se fueron a Galilea, al monte donde Jesús les había ordenado. [...] Y Jesús se acercó y les habló diciendo: Toda potestad me es dada en el cielo y en la tierra. Por tanto, id, y haced discípulos a todas las naciones, bautizándolos en mi nombre; enseñándoles que guarden todas las cosas que os he mandado; y he aquí yo estoy con vosotros todos los días, hasta el fin del mundo. Amén.» (Vers. 11-20)

VISIONES DEL UNGIDO

El cristianismo afirma que después de volver a la vida Yeshua se mostró a sus seguidores varias veces, especialmente durante los siguientes 40 días tras la resurrección: «Cuando llegó la noche de aquel mismo día, el primero de la semana, estando las puertas cerradas en el lugar donde los discípulos estaban reunidos por miedo de los judíos, vino Jesús, y puesto en medio, les dijo: Paz a vosotros. Y cuando les hubo dicho esto, les mostró las manos y el costado. Y los discípulos se regocijaron viendo al Señor. Entonces Jesús les dijo otra vez: Paz a vosotros. Como me envió el Padre, así también yo os envío. Y habiendo dicho esto, sopló, y les dijo: Recibid el Espíritu Santo. A quienes remitiereis los pecados, les son remitidos; y a quienes se los retuviereis, les son retenidos. Pero Tomás, uno de los doce, llamado Dídimo, no estaba con ellos cuando Jesús vino. Le dijeron, pues, los otros discípulos: Al Señor hemos visto. Él les dijo: Si no viere en sus manos la señal de los clavos, y metiere mi dedo en el lugar de los clavos, y metiere mi mano en su costado, no creeré. Ocho días después, estaban otra vez sus discípulos dentro, y con ellos Tomás. Llegó Jesús, estando las puertas cerradas, y se puso en medio y les dijo: Paz a vosotros. Luego dijo a Tomás: Pon aquí tu dedo, y mira mis manos; y acerca tu mano, y métela en mi costado; y no seas incrédulo, sino creyente. Entonces Tomás respondió y le dijo: ¡Señor mío, y Dios mío! Jesús le dijo: Porque me has visto, Tomás, creíste; bienaventurados los que no vieron, y creyeron. Hizo además Jesús muchas otras señales en presencia de sus discípulos, las cuales no están escritas en este libro. Pero éstas se han escrito para que creáis que Jesús es el Cristo, el Hijo de Dios, y para que creyendo, tengáis vida en su nombre.» (Juan 20:19-31, R60)

El componente de "las marcas" en sus manos y pies es un símbolo trascendental del testimonio de que Jesucristo regresó del más allá, y el profeta Zacarías lo anunció al escribir en parábola: «Y le preguntarán: ¿Qué heridas son estas en tus manos? Y él responderá: Con ellas fui herido en casa de mis amigos.» (Zac. 13:6, R60) Asimismo, estas palabras de Yeshua de que recibirían al Espíritu Santo tras irse él, también habían sido anunciadas cientos de años antes, como los hizo con el rey Salomón, al manifestar: «He aquí yo derramaré mi espíritu sobre vosotros, Y os haré saber mis palabras.» (Pro. 1:23, R60) ¿Entonces ya no necesitarán de intermediarios, sino que directamente el Espíritu del Todopoderoso morará en los siervos de Dios? «Y después de esto derramaré mi Espíritu sobre toda carne, y profetizarán vuestros hijos y vuestras hijas; vuestros ancianos soñarán sueños, y vuestros jóvenes verán visiones. Y también sobre los siervos y sobre las siervas derramaré mi Espíritu en aquellos días.» (Joel 2:28-29, R60) De esto se ha dado testimonio a lo largo de la historia de los verdaderos cristianos desde sus inicios hasta nuestros días, comenzando desde el Jag Shabuot (fiesta de Pentecostés) que tuvo lugar 10 días tras la resurrección de Yeshua: «Cuando llegó el día de Pentecostés, estaban todos unánimes juntos. Y de repente vino del cielo un estruendo como de un viento recio que soplaba, el cual llenó toda la casa donde estaban sentados; y se les aparecieron lenguas repartidas, como de fuego, asentándose sobre cada uno de ellos. Y fueron todos llenos del Espíritu Santo, y comenzaron a hablar en otras lenguas, según el Espíritu les daba que hablasen.»

El relato sigue refiriendo: «Moraban entonces en Jerusalén judíos, varones piadosos, de todas las naciones bajo el cielo. Y hecho este estruendo, se juntó la multitud; y estaban confusos, porque cada uno les oía hablar en su propia lengua. Y estaban atónitos y maravillados, diciendo: Mirad, ¿no son galileos todos estos que hablan? ¿Cómo, pues, les oímos nosotros hablar cada uno en nuestra lengua en la que hemos nacido? Partos, medos, elamitas, y los que habitamos en Mesopotamia, en Judea, en Capadocia, en el Ponto y en Asia, en Frigia y Panfilia, en Egipto y en las regiones de África más allá de Cirene, y romanos aquí residentes, tanto judíos como prosélitos, cretenses y árabes, les oímos hablar en nuestras lenguas las maravillas de Dios. Y estaban todos atónitos y perplejos, diciéndose unos a otros: ¿Qué quiere decir esto? Mas otros, burlándose, decían: Están llenos de mosto. Entonces Pedro, poniéndose en pie con los once, alzó la voz y les habló diciendo: Varones judíos, y todos los que habitáis en Jerusalén, esto os sea notorio, y oíd mis palabras. Porque éstos no están ebrios, como vosotros suponéis, puesto que es la hora tercera del día. Mas esto es lo dicho por el profeta Joel [...] Y todo aquel que invocare el nombre del Señor, será salvo. Varones israelitas, oíd estas palabras: Jesús nazareno, varón aprobado por Dios entre vosotros con las maravillas, prodigios y señales que Dios hizo entre vosotros por medio de él, como vosotros mismos sabéis; a éste, entregado por el determinado consejo y anticipado conocimiento de Dios, prendisteis y matasteis por manos de inicuos, crucificándole; al cual Dios levantó, sueltos los dolores de la muerte, por cuanto era imposible que fuese retenido por ella.» (Hechos de los Apóstoles 2:1-24, R60)

También estaba profetizado que el Elegido sería llevado al cielo tras haber estado en la Tierra: «Subiste a lo alto, cautivaste la cautividad, Tomaste dones para los hombres, Y también para los rebeldes, para que habite entre ellos Iah Elohim.» (Salm. 68:18, R60) El apóstol Juan (cap. 3:13) dijo que nadie "subió al cielo" (subido hacia dentro de los cielos) salvo Yeshua, aludiendo a las palabras de Salomón (Pro. 30:4): «¿Quién subió al cielo, y descendió? ¿Quién encerró los vientos en sus puños? ¿Quién ató las aguas en un paño? ¿Quién afirmó todos los términos de la tierra? ¿Cuál es su nombre, y el nombre de su hijo, si sabes?» Un fariseo, discípulo del rabino Gamaliel, perseguía a los cristianos hasta que dice que en Damasco se le apreció Yeshua resucitado. Él, llamado 'Shaul de Tarso', se empezó posteriormente a identificar como Paulos (Pablo, que en hebreo es 'Polos'), y dijo que le fueron reveladas entonces muchas cosas, entre las cuales refirió, interpretando las palabras del proverbio de Salomón: «Pero a cada uno de nosotros fue dada la gracia conforme a la medida del don de Cristo. Por lo cual dice: Subiendo a lo alto, llevó cautiva la cautividad, Y dio dones a los hombres. Y eso de que subió, ¿qué es, sino que también había descendido primero a las partes más bajas de la tierra? El que descendió, es el mismo que también subió por encima de todos los cielos para llenarlo todo. Y él mismo constituyó a unos, apóstoles; a otros, profetas; a otros, evangelistas; a otros, pastores y maestros, a fin de perfeccionar a los santos para la obra del ministerio, para la edificación del cuerpo de Cristo, hasta que todos lleguemos a la unidad de la fe y del conocimiento del Hijo de Dios, a un varón perfecto, a la medida de la estatura de la plenitud de Cristo...» (Carta a los Efesios 4:7-13, R60)

En la tradición hebrea se conoce que el profeta Henoc y el profeta Elías fueron transportados al cielo y, al menos de momento, no han regresado (y se espera que regresen en los días del anticristo para desprestigiarle), y eso se dice también de Yeshua, pudiendo encontrarse una aparente relación con Génesis 5:23, donde este verso en letras equidistantes contiene el nombre 'Ieshua', siendo dicho pasaje el que habla de la ascensión de Henoc. Pero hay algo más desconcertante sobre esta historia, y es que en la misma época otras gentes dieron testimonio de que un hombre con las características de Yeshua, se les apareció, anunciando palabras semejantes a las que pronunciaba a los suyos. Los mormones sostienen que su profeta

Joseph Smith encontró unos registros egipcios que hablaban de que Yeshua estuvo en América tras su resurrección, y habló a la tribu de José que había sido llevada allá por el Señor cerca del siglo VI a. e. c. Esta historia quedaría en el olvido de no ser porque se han encontrado grabados precolombinos con escritura protohebrea, acadia, hebrea, aramea y demótica, que además refieren en muchos casos episodios de la historia del Antiguo Israel, de los 10 Mandamientos, de la torre de Babel, de los reyes de Israel y de la vida, muerte, resurrección y ascensión de Yeshua ha.Notzri. Asimismo, los incas cuentan que hace mucho vino un hombre de más allá del mar, cuya semejanza era diferente a la aborigen que ellos conocían, siendo un varón de tez blanca, barca y cabello largo castaño oscuro, con vestido blanco y cinto rojo, al modo con lo usaban los hebreos. A este llamaron Hiracocha (que pasó a Wiracocha y luego a Viracocha), siendo un semi-dios que les enseñó los valores y la virtud, el amor y la fraternidad, y les dijo que un día regresaría.

- Representación precolombina con caracteres paleo-hebreos de la Pasión de Jesucristo, hallada en las cuevas Burrows (Illinois, EE.UU.)

En Arizona, una tribu milenaria llamada Jopi (o 'hopis'), cuentan que hace mucho tiempo apareció un enviado, al que ellos llamaron 'Pahana', el hombre verdadero. Él era de aquellos katchinas (ángeles) que les habían rescatado del gran diluvio, y tras enseñarles sobre la virtud, el amor y la vida eterna, regresó al cielo con la promesa de regresar. Para los hopi, Pahana era un hombre se aspecto humano pero diferente a ellos (caucasiano). Los aztecas y mayas cuentan los mismo al hablar del regreso de Quetzalcóatl o Kukulkán, quien dicen que estuvo con ellos y les guió en importantes travesías para terminar asentándose en el territorio actual del Yucatán. Los grabados más antiguos de Quetzalcóatl hablan de un dios primigenio de aspecto reptil emplumado que se fue, y al aparecer un hombre barbado de cabello largo y túnica blanca, ellos recordaron su esperanza en el regreso de Quetzalcóatl, y asumieron que él era el mismo. Dedicaron a él una de las grandes pirámides de Teotihuacán, y otra que está en un yacimiento reciente descubierto en el núcleo de Ciudad de México, mientras la más grande de las tres la consagraron a aquel "padre", el Dios de todos los dioses, del que predicó aquella supuesta manifestación segunda de Quetzalcóatl.

Las apariciones de Yeshua a lo largo de los siglos son incontables, y trascienden a las creencias y culturas de los pueblos de nuestro mundo: «Yo estaba en el desierto sola, perdida. Por el horizonte, no había nada a la vista, sino la arena. Sentía la arena en mis pies descalzos. Entonces vi algo extraordinario. En medio de esa esterilidad, una inmensa cruz de madera emergió de la tierra, se levanta con la arena que desborda.» Así comienza una narración de un sueño publicada por la adolescente bosnia musulmana Emina Melonic, donde cuenta una visión vívida que tuvo en la que le apareció Yeshua. Un hombre saudí dijo que tuvo un sueño que empezaba de forma horrible, «Una noche, mientras dormía, tuve este horrible sueño de mí que era llevado al infierno. Lo que vi allí me traía temor real, y estos sueños seguían llegando a mí casi todas las noches. En este punto yo estaba realmente preguntando por qué yo debería estar viendo el infierno de esta manera», escribió en Answering-Islam. Él afirmó que Yeshua se le apareció y le dijo: «Hijo, yo soy el camino, la verdad y la vida. Y si tú me das tu vida a Mí, y me sigues, yo te salvaré de demonios que has visto.»

Una adolescente tailandesa llamada Fa informó en 'Musulmanes de Tailandia' que vio a Yeshua mientras caminaba en un campo. Su relato de su experiencia dice que «Ella se encontró en un campo abierto. No había nada especial en este escenario, pero sentía paz en su corazón, el tipo de paz que ella nunca ha sentido antes. Le parecía que ella había estado en este campo antes y de alguna manera, ella sabía lo que iba a ocurrir a continuación". "Y entonces, de repente apareció ante ella una luz brillante. Ella no se sorprendió cuando vio la figura. Era un hombre que llevaba una túnica blanca que parecía brillar. Había mucha alegría y amor que inundó su corazón cuando vio la figura. De inmediato supo que Jesús estaba apareciéndose a ella. Entonces se despertó.» Christine Darg, autor y co-anfitrión del programa de televisión de Canal Jerusalén 'Exploits Ministry', está de acuerdo en que es un hecho cada vez más común: «El fenómeno de los musulmanes que llegan a una fe viva en Jesús está ocurriendo todos los días. Esto es parte de la profecía del profeta Joel que en los últimos días Dios derramará su Espíritu sobre toda la gente – hijos e hijas profetizarán, hombres jóvenes y viejos experimentarán sueños y visiones», dijo Darg.

Darg, quien también es autora del libro 'Milagros entre los musulmanes: Las visiones de Jesús', dice que la compilación de un registro de las visiones es difícil debido a la frecuencia con que ocurren. Los musulmanes no son los únicos que informaron dichos encuentros notables, como Costenbader también describe en 'cuentos de los hindúes'. Un sueño en 1844 llevó a la conversión de un indonesio llamado Paulus-Tosari, quien ayudó a iniciar el primer movimiento moderno de la conversión de musulmanes a Cristo.

También dijo que dos visiones de Yeshua en 1892 pueden estar directamente vinculadas al fundador del segundo movimiento musulmán de conversión a Cristo en Etiopía. El autor y Presidente de 'Opciones para la Vida', Jim Bramlett, que ha vivido en Arabia Saudita, cree que el fenómeno de que los musulmanes experimenten visiones y sueños de Yeshua es sin duda "sobrenatural".

Él sostiene, «Son visiones. Son sueños. Es un acto sobrenatural, soberano de Dios y es alentador. También está ocurriendo más a menudo de lo que se sabe", dijo Bramlett. Darg dijo simplemente que hablar de un sueño o una visión de Jesús abre la puerta para que el converso musulmán hable abiertamente sobre el encuentro. Como ejemplo de ello, hace poco estaba tomando un tour con un grupo de turistas a través del barrio musulmán de la Ciudad Vieja de Jerusalén, y nuestro guía había organizado para que nos encontráramos con un clérigo musulmán», dijo Darg. Luego llegó el momento de las preguntas y respuestas, y sabiendo que el jeque era un experto en la forma mística del islam, el sufismo, Darg le dijo que ella «sentía que seguramente habría oído hablar de algunos de sus correligionarios que habían experimentado un sueño acerca de Jesús. Así que le pregunté al jeque si podía compartir algún ejemplo con nosotros. De repente, el hombre rompió en llanto. Te diré un secreto. Yo mismo he visto a Jesús, él dijo, a pesar de que le estaba hablando a todo mi grupo», dijo Darg.

Darg dice la experiencia del líder sufí es típico, y agrega que el hombre «Relató el más hermoso encuentro que había experimentado con el Señor Jesús resucitado, y cómo el Señor le había abrazado de forma que el jeque se había convertido en un creyente y seguidor de Jesús sin darse cuenta de que él era cristiano.» Conozco muchos testimonios incluso cercanos de esta índole que he escuchado de a lo largo de mi vida; cuando era niño bebí por accidente un frasco con trementina, estuve al menos una semana en coma, y tras esto fue considerado clínicamente muerto. Durante los siguiente minutos mi padre, que se consideraba anti-religioso, clamó a Yeshua, diciéndole que si realmente él existía y él era el hijo de Dios, que me devolviera a la vida y él le consagraría su vida. Dado que estoy escribiendo esta obra, algo sobrenatural debió ocurrir, ¿no? mientras él aún rogaba, yo me puse de pie y le toqué. Él me quitó los tubos y corriendo por el Hospital de Eilat (en el sur de Israel), gritaba, «¡Yeshua ha sanado a mi hijo, le devolvió la vida!» Muchos no creerán anda de esto, pero justamente el cristianismo se basa en testimonios sobrenaturales, como ocurrió con Israel en días de Moisés, no es filosofía y razonamientos humanas, cosas escritas, suposiciones o persuasión de palabra de algunos oradores.

Zacarías (cap. 12:10) anunció que los congéneres de Yeshua se arrepentirán de haber herido y rechazado al 'unigénito' y 'primogénito', cuando llegue la hora. Enjuiciaron al Salvador y dijeron que su sangre cayese sobre ellos, y así fue, viniendo sobre ellos la abominación desoladora, y precisamente un ejemplo está en Números 16:14-18, donde 'Tamid' y 'Jamedet' aparecen codificados, siendo ese el pasaje donde Coré, Datán y Abiram incitan una rebelión contra Moisés y Aarón, y fueron tragados por la tierra. ¿Puede estarnos insinuando este código que el Mesías sería cuestionado y se levantarían contra él – de entre el propio pueblo -, y al final Iaheveh castigaría a los que eso hicieron? En Números 25:5-6, se hallan entrelazados – en solo estos dos versos – los vocablos 'Shiló', 'Ieshua' y 'ha.Tamid' (con 4, 2 y 6 letras de separación), siendo estos pasajes que nos hablan del pecado de Israel y de la muerte de un culpable o responsable para detener el castigo. Una vez resucitado, el Elegido ¿ha de levantar un nuevo rebaño? Muchas de las palabras proféticas que nos hablan del Enviado parecen sugerir que anexará una especie de nueva "tribu" al heredero Israel. En Esdras 5:2 dice «Ieshua, hijo del Dios Justo y su Príncipe (comandante) para construir la casa de Dios». Eso se lee directamente en arameo; Y seguidamente, al hablar de Jerusalem vuelve a aparecer el anagrama de 'ben daud' (hijo de David). ¿Una referencia a que ben David estará detrás de la aparición del Tercer Templo?

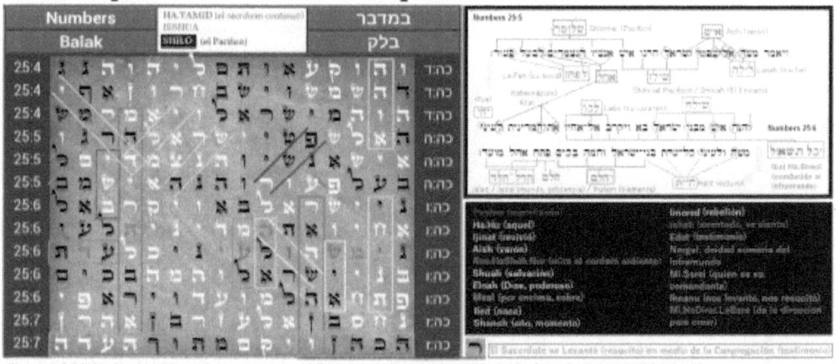

Y he aquí un varón de los hijos de Israel vino y trajo una madianita a sus hermanos, a ojos de Moisés y de toda la congregación de los hijos de Israel, mientras lloraban ellos a la puerta del tabernáculo de reunión.

Otro verso que coincide con este es el de 1ª Reyes 6:1, que nos habla de los 480 años que habían transcurrido desde la salida de Egipto hasta que Salomón (en su 4º año de reinado) comenzó a construir el templo; y es justamente en este versículo donde en la frase «[el] pacífico sobre Israel y edificará», que aparece encriptado el nombre 'Ieshua'. Pero el hecho mismo de nombrar los 480 años es clave, porque es el mismo tiempo en que no hubo profetas hasta la llegada de Juan el bautista, contando desde el final del ministerio del profeta Malaquías. Justamente Malaquías fue el último que anunció la venida del Ungido, hasta Juan, que dijo que ya había llegado su hora y que aquel que había de venir era su primo, Yeshua. En el libro de Shemot (Éxodo) nos narran en el capítulo 26 los detalles para montar el Tabernáculo del Sinaí, y el verso 13 contiene, con 19 letras de separación, el término 'ha.Tamid', asimismo el verso 14 el nombre 'Roma', y el verso 9, 'Ieshua', siendo una referencia que puede interpretarse como la época en que el continuo sacrificio (ha.Tamid) cesó, y empezó algo nuevo (incluso el verso 16 contiene la palabra 'Barashit' (inicio, comienzo)). Otro ejemplo puede estar en Éxodo 32:10, donde el título 'Jamedet' aparece con 27 letras de separación en la cita donde Iaheveh dice a Moisés, «de ti yo haré una nación grande.»

CONCLUSIÓN

En la Oda 41, nos dice Salomón: «Todos estarán asombrados al verme, pues soy de otra raza ahora, Pero el Padre de la Verdad se acordó de mí, pues Él me poseía desde el principio» (vers. 8-9), agrega, «El Salvador que hace vivir no rechazará nuestras almas. Él es el hombre que fue humillado y exaltado por Su propia justicia, Él es el Hijo del Altísimo que apareció en la perfección de Su Padre», y luego, «Y la luz amaneció desde la Palabra que estaba en Él antes del tiempo, El Mesías es verdaderamente uno; y era conocido desde antes de la fundación del mundo, Y porque Él podría salvar almas para siempre por la Verdad de Su nombre, un nuevo cántico se levanta desde aquellos que Le aman.» (Vers. 12-17) Es necesario que la parte mayoritaria de los judíos que aún no conocen esta información abran los ojos de una vez y se den cuenta de que Yeshua ha.Notzri (Jesús de Nazaret) es el Mesías del que hablaron los ancestros. Esta comprensión dará un nuevo valor a la ideología y cultura judía, comprendiendo que todos somos hermanos. Los linajes de Medio Oriente son mayormente descendientes de Abraham. En una carta de los espartanos a os judíos tras la muerte de Alejandro Magno, ellos sostienen, «nosotros también somos descendientes de Abraham». La investigación de líneas genéticas en Corea del Sur ha llegado a conclusiones relacionadas con la familia de Jocshan, del linaje de Noé. Los estudios genéticos de ingleses, mexicanos y hasta sudafricanos muestran tener relación con las tribus perdidas de Israel.

Como dijo Pablo, «ya no hay judío ni griego, ni hebreo ni gentil», pues desde el 722 a. C. (bajo el cautiverio de Salmanasar de Asiria) al menos 10 de las 12 tribus que conformaban Israel se mezclaron por el mundo. Luego pasó lo mismo con los judíos en el 566 a. C. (en la deportación decretada por Nabucodonosor II de Babilonia), y desde el 135 d. C. (cuando el emperador romano Adriano expulsó a los judíos de Judeah y borró el nombre de la provincia de los mapas romanos, sustituyéndola por 'Siria Filistea').

Los estudios genéticos de las últimas décadas reconocen que la inmensa mayoría del planeta tiene genes de los pobladores del antiguo Israel. Asumir que los judíos, o el resto de tribus, son "especiales" a la demás humanidad, al menos hoy, no tiene sentido ni cabida. Un israelí no podría considerarse mejor que un musulmán, si se reconoce que Abraham tuvo varias esposas egipcias con quienes "procreó" a los que serían pobladores de todo el territorio árabe, kuwaití, iraquí, sirio, jordano y hasta libanés. Casi nadie sabe que, en efecto, que los musulmanes son hebreos. El nombre "hebreo" derivó de un patriarca llamado Heber, descendiente de Noé. Los "heberos" se asentaron en Mesopotamia antes del siglo XX a. C., y durante el mandato del rey caldeo Nimrod estos pueblos levantaron un zigurat en Eshagila, la explanada del templo al dios Enlil. Esa zigurat, o plataforma escalonada a modo de pirámide, es definida en las tablillas sumerias y babilonias como el 'Etemenaki', emulación de la Puerta de los Dioses antes del periodo en que una gran inundación y diluvio inundara la región. Nimrod erigió varias ciudades que hasta el siglo VXIII se creían "mitología", como Uruk, Acad y Babel. Los constructores y el pueblo tuvieron grandes diferencias y abandonaron Eshagila, por lo que el nombre de la región 'Babili', pasó a significar "confusión". Desde entonces fue conocido el mito o leyenda de la torre de Babili, o torre de Babel, registrada siglos antes en fuentes mesopotámicas (antes de la redacción de la Torah por parte de Moisés). Con esta dispersión se movieron los heberos, pero años antes Teraj, padre de Abraham, migró a Haran en tierra de los arameos. En esas tierras Abraham tuvo varios hijos, tanto con su hermanastra Sarah (hebrea), como con Ketura y con Hagar (ambas egipcias). Hagar fue madre de Ismael, patriarca de las 12 tribus del mundo árabe.

Sara le dio un hijo llamado Itzjak (Isaac), quien tuvo dos hijos: Esau (padre de los idumeos, hittitas, jordanos y hurritas) e Iakob (Jacob). Jacob tuvo 12 hijos con 4 esposas, y ellos vivieron en Egipto por 430 años hasta el reinado del faraón Ahmosis I. El nombre 'Ahmosis' quiere decir en semítico, 'hermano de Moisés'. Los hebreos salieron de Egipto en algún momento entre el siglo XIII a. C. y mediados del XIV a. C., conocidos por los pueblos del alrededor y descritos en las estelas faraónicas como los 'Habiru' (hebreos) o 'Icsos' (de la derivación fonética de 'icsiá' (salida, migración)). Cruzaron finalmente el estrecho de Acaba dejando registros históricos hoy conocidos en la arqueología en la costa oeste de Arabia Saudí, para subir al Yarden (Jordán) y repartirse la tierra que habían peleado con 5 naciones. Medio siglo después emergió la monarquía judía, que se dividió tras la muerte del rey Salomón. Los acuerdos que logró con todos los reinos del mundos antiguo conocido, llegaron hasta Etiopía, pero se disolvieron a causa de la inmadurez de su heredero, Roboam. Israel se dividió: reino del norte (9 y media de las 12 tribus), o Israel, y reino del sur (la tribu de Judá y parte de Leví y de Benjamín), llamada Judah. En el 720 a. C. Sargón atacó el reino del norte, y dos años después fueron llevados todos cautivos. Hasta hoy no se conoce con exactitud su paradero, pero es de entender que se han mezclado por todo el planeta. Empero, si se quiere saber dónde están los israelitas, habría que miar primero a Mosúl, Siria. Posteriormente el rey Nabukanetzar (Nabucodonosor II) atacó Judeah y los venció en la segunda campaña. La clase aristocrática y alta fue llevada a Babilonia para ser parte de la corte real, y la clase pobre se quedó para mantener el cultivo de la tierra en Judeah.

Cumplidos 70 años de eso decenas de miles de judíos regresaron, pero la mayoría prefirió quedarse en Caldea, por lo que los iraquíes tienen gran parte de sangre judía. Los judíos no tuvieron en Judeah más problemas con los filisteos (pobladores de Gaza y Hebrón), ya que Tiglatpileser III de Asiria los sometió en el 732 a. C. No se supo más de ellos tras el siglo II a. C.

Si bien, los filisteos (de donde sale el vocablo 'Palestinos') fueron un pueblo de mar conocido como Casluhim, que invadieron la costa occidental de Canaán y exterminaron a sus pobladores, los haveos, antes de la conquista de Israel por parte de Ioshua (Josué), el pupilo de Moisés. Entonces los casluhim fueron conocidos como 'Flishtim' (Filisteos), y pasaron a ser de los pocos pueblos a los que los israelitas no quisieron confrontar en la toma de las extensiones cananeas. Los etíopes, y luego los romanos, exterminaron a lso filisteos, pero para humillación histórica, y borrar la memoria del pueblo judío, los romanos quitaron las referencias a la existencia de Judeah y los judíos, cansados de sus sediciones, y habiendo concluido una tercera guerra contra ellos, que, para muchos historiadores, refleja que ellos – los judíos – fueron el pueblo que más cara plantó al imperio romano y le hizo retroceder en múltiples ocasiones. Llegada la época del imperio británico, y el gran poder de los franceses, se asume que provocaron la Primera Guerra Mundial para reestructurar el poder mundial y quitar el dominio de los otomanos. Ellos los engañaron con el pretexto de la anhelada 'Gran Arabia', el reino islámico global de la fe musulmana. Les hicieron creer a los jeques que si desmantelaban el imperio otomano, y dejaban a británicos y franceses redistribuir el poder, ellos tendrían su 'Gran Arabia'. Por el contrario, dividieron toda la región en secciones bajo el poder británico y francés, dando nuevos nombres – inventados – a esas regiones, que hoy tienen el nombre y extensión que tienen, empezando por Irak y Siria.

El propósito venía en gran medida de la influencia de los judíos sionistas Rothschild con la casa real británica, para que moviesen todos los hilos a su alcance para retomar la región de Judeah y repatriar a los judíos. La ONU habría sido creada para dirigir un nuevo orden mundial y dar el voto unificado de derecho para la restauración de los judíos a Judeah, y Harry S. Truman habría sido puesto en el poder por los sionistas – dueños de la banca internacional - para promover esta creación. Así, tras la Segunda Guerra Mundial se reorganizó el mundo, apareció la Asamblea General de la ONU votando por un territorio Judío en la antigua Israel, pero también una porción para Palestina. No obstante, la verdadera extensión de Judeah – nombrada desde ese entonces Banco del Este o 'Cisjordania' - no sería entregada a los judíos, sino que estaría bajo control internacional (de la ONU). Los herederos del Estado de Israel serían los supervivientes del holocausto. Los rabinos se habían negado a tomar esa tierra sin el Mesías. La Escritura afirmaba que el Mesías restauraría Israel como la gloria del tiempo del rey Salomón (con extensiones desde el Nilo hasta el Éufrates), por lo que los sionistas habrían buscado la manera de deshacerse primeramente de la oposición a establecer un Estado Sionista. El Estado Sionista representa la existencia de una fuerza territorial en Medio Oriente para establecer el reino profético a la fuerza. Las profecías, bien conocidas por el rabinato, aseguran que el reino será establecido por las buenas, por un rey pacífico al que el mundo aceptará y amará. Este libertador y salvador unirá al mundo en el amor y la justicia, y será un juez noble que guiará a la humanidad como un pastor a su rebaño. El sionismo nació en Europa con la idea de hacer esto a la manera "humana", usando el poder económico, la influencia política y el brazo armado. Eso conllevó a una guerra entre colonos judíos y árabes, que moraban en la región tras la partición territorial (Mandato Británico de Palestina) convenida en la

Conferencia de San Remo y el Mandato de la Sociedad de Naciones, desde 1916.

En Israel el pueblo debe defenderse, sí o sí, para no desaparecer, pero los extremismos y abusos de las IDF, mandados por la autoridad judía, parten de la incomprensión de la verdadera tradición hebrea y del entendimiento de porqué fue creado el pueblo de Israel. El apóstol Pedro dijo que esta nación fue creada como «nación santa, pueblo escogido para mostrar la virtudes de aquel que nos llamó de las tinieblas a su luz admirable». Otros profetas corroboraban ya esto explicando que los hijos de Yakob (Jacob, que fue después llamado Israel y representado por sus 12 hijos), serían el patriarcado de una nación elegido para ser pura y enseñar al mundo las virtudes de su dios, la moral, el amor y la justicia. Dado que los hebreos no aplicaron esto, fueron abandonados por su dios en manos de sus enemigos, y el dios hebreo habría mandado al Mesías para hacer un llamado a las gentes del resto de naciones para que cumpliesen ese cometido de ser luz para el resto de congéneres. Los profetas aseguraban que el Mesías llegará y dividirá Israel entre justos e injustos y expulsará a los injustos de Israel, y traerá a dicha nación a los fieles, rectos y honestos de las otras naciones para hacerlos israelitas según la herencia prometida y bajo el amparo y beneplácito del reinado del Mesías. Los musulmanes tienen dos ramas fundamentales: suníes y chiíes. Unos son más o menos laicos, pero los otros son extremistas. Como de costumbre, las gentes religiosas no suelen ser muy cultas, y en los países musulmanes reina el alfabetismo. Eso quiere decir que pocos conocen realmente el Quran (Corán), donde Muhamad (Mahoma) honra a Yeshua (Jesús) y lo reconoce como 'Al Masij' (El Mesías), agregando en varios suras que la tierra de Israel es derecho legítimo del pueblo hebreo.

Muchos islámicos académicos reconocen que Israel es la tierra del pueblo hebreo, y muchas gente de entre el pueblo reconoce que el odio de los árabes y palestinos hacia los judíos estriba en la envidia que tienen a su prosperidad. La manipulación de pasajes del Quran para sembrar hostilidad traen primeramente sufrimiento a los propios palestinos y árabes, creando sectas y grupos armados que abusan primeramente de su propio pueblo, y pretenden borrar a Israel del mapa, no porque tengan razones reales contra Israel, sino por la hostilidad que documentación clasificada – especialmente con Edward Snowden, ex agente de la NSA - ha probado que agentes de la CIA siembra en grupos extremistas. Debido a este llamado a las armas se mantiene el mercado de las armas y se justifica la fuerza armada de defensa del ejército de Israel, de los EE.UU. y de los ingleses. Así también se logra el empoderamiento de lso oleoductos y salidas de petróleo apara EE.UU. y Europa (la guerra de Siria, por ejemplo, es para crear una conexión directa entre las fuentes de crudo y Europa, din tener que pagar impuestos a Egipto por el cruce por el canal del Suez). Si los musulmanes y los judíos comprendiesen realmente las escrituras sagradas de sus antecesores, no estarían luchando entre ellos. Los musulmanes saben por sus propias profecías que Issa (Yeshua, Jesús) va a regresar y reinará en Israel con la ayuda de un líder islámico llamado Mahdi. De hecho, afirman que Issa y Mahdi se enfrentarán a Al-Dajjal (el Anticristo) y lo vencerán juntos. La toma de los territorios ocupados en empujada por el sionismo para retornar la extensión que realmente pertenece a los judíos: Judeah. El problema es que en medio está Yerushalaim (Jerusalén), que es el tercer sitio más importante de la fe islámica, y motivo de peregrinación debido a que se afirma que desde ahí Muhamad tuvo un viaje al cielo. En efecto, una sociedad culta comprendería que todos somos hermanos, como enseñó Yeshua (Jesús), y los judíos hemos respetado las creencias religiosas del resto de naciones, habiendo sido desde siempre abiertos a la inmigración, a la cual hemos asistido. Jerusalén ha sido centro de peregrinación para todo tipo de culturas y creencias, sin ser menospreciados, y se ha dejado el libre culto y acceso a lugares sagrados que ni siquiera son patrimonio judío.

Lo cierto es que no hay razones realmente para crear conflicto, salvo por ego, por definir quién tiene un derecho legítimo por la extensión de la explanada del monte Moriah. Ahí, al lado de donde se emplazaba el Templo de Salomón está la mezquita de Al Aqsa, en honor del asenso de Muhamad al cielo para verse con Iaheveh (Jehová) y Jesús y recibir instrucciones sobre la proliferación de la fe en un solo dios por el mundo. Esta obra no pretende cristianizar a nadie, solo hacer comprender que el mensaje de Yehoshua (Ieshua, Jesús, Issa) era sobre el amor entre la humanidad y la hermandad. Y si se habló de un reino milenial dirigido desde Israel por el Mesías, no sería con armas, ni con odio, ni con sometimiento ni con furia: «Él hablará paz a las naciones». Según las profecías, el Mesías aparecerá en la era futura cuando la tierra de Israel sea rodeada por sus enemigos contra ella, cuando las naciones del mundo se unirán militar y políticamente para atacar y destruir Israel y tomar posesión de Jerusalem. Afirman estos vaticinios, que Israel comenzará ganando la guerra, por su fe en su dios y su preparación – ya que conocen las profecías y llevan décadas preparándose para el 'Gog Magog', como se denomina este día -, pero semanas después, al final, estarán a punto de ser vencidos (habiéndose unido 70 países contra Israel y sin recibir el apoyo de los EE.UU. - como sostienen profecías más recientes -). entonces aparecerá el Mesías e impondrá la paz, juzgando a los inicuos y beligerantes, e imponiendo la paz, la armonía, la resurrección de los muertos, la inmortalidad, la abundancia y prosperidad, y la sanación (regeneración) y limpieza del planeta. En ese momento, dicen los vaticinios, los judíos reconocerán que el Mesías era justamente Jesucristo, a quien en general se negaron en aceptar en su primera venida.

¡Shalom ve.Brajot!
(Paz y Bienaventuranza)

Don't miss out!

Visit the website below and you can sign up to receive emails whenever Frederick Guttmann publishes a new book. There's no charge and no obligation.

https://books2read.com/r/B-A-DKUGB-ESCCD

BOOKS 2 READ

Connecting independent readers to independent writers.

About the Author

Israeli writer, researcher, disseminator, documentary filmmaker and influencer. He is the writer of more than 35 books, mostly research and dissemination theses.

Read more at https://www.frederickguttmann.com.